푸른사상 창작 한시선

慕何 詞華集

동서남북삼십년
東西南北三十年

慕何 李憲祖
번역·주석 金容稷

慕何 詞華集

<small>동서남북삼십년</small>
東西南北三十年

慕何의 詞華集 出刊을 축하하면서

李 佑 成

　慕何 李憲祖 兄의 詞華集이 나왔다. 詞華集의 名稱을 『東西南北三十年』이라고 한 것은 우리 蘭社가 結成된 뒤에 慕何가 主로 그 韻字를 가지고 국내는 물론, 세계각국을 다니면서 지은 詩들 중에서 가려 뽑아 책을 만들었기 때문이다. 慕何는 원래 시인이 아니다. 少時에 그는 대학에서 철학을 전공했으나 家庭 연고 관계로 실업계에 투신하여 대기업의 최고경영자로서 종횡으로 일생의 포부를 성공리에 실현한 분이다. 그러나 그는 儒家의 자제로서 전통적 교양 속에 자라나, 비록 현실적으로 물질세계에 분주하고 있었지만 그의 閒雅明靜한 성격으로 틈만 있으면 동양고전의 세계로 생각을 돌리기를 마지않았다. 그는 사업활동에 관한 저서도 여러 책을 내었는데 그중에 경영이념을 論語로써 설명한 책이 있어, 더욱 識者의 경탄을 자아낸 일이 있었다.

　50대에 여러 知友들과 蘭社를 結成하여 매달 1회씩 律詩의 창작을 일삼아왔다. 그것이 벌써 30년의 세월을 흘려보낸 셈이다. 그동안 정다운 同人 중에 유명을 달리한 친구가 네 사람이나 되었지만 우리는 쉬지 않고 모임을 이어왔다. 그 중에 한 사람을 빼고는 모두 80 고개를 넘었고, 90에 임박한 사람도 셋이나 된다. 매달 韻字는 꼭 慕何가 내고 저녁 모임도 慕何가 주선해왔다. 말하자면 蘭社는 慕何에 의해 운영되어온 것이다.

이제 동인 중 특히 金容稷 교수의 주장에 의해 慕何 詩의 選集이 나오기에 이르렀다. 慕何 자신은 이 일을 몇 번이고 사양해 왔지만 친구들의 간곡한 권고가 주효하여 드디어 이 詞華集의 간행이 이루어진 것이다. 慕何는 물론 詩人이 아니지만 '詩는 사람이다'라는 말과 같이 그의 詩는 그의 人品의 반영이다. 그는 사업 관계로 지구촌 東西南北을 두루 순방했고 이 사화집에는 그런 그의 생활이 반영되어 있다. 慕何는 정확한 판단과 진실한 심성을 가진 사람이다. 그의 그런 마음의 결정체인 이 사화집은 출간과 함께 많은 同好人들에게 공감대가 형성되어지리라 믿는다. 특히 김용직 교수가 정성을 들인 우리말 번역과 주석이 주목된다. 이것으로 지금 漢字와 漢文에 익숙하지 못한 젊은 세대에게도 慕何가 펼쳐 보이는 서정의 세계가 그윽이 펼쳐지리라고 생각한다.

　항상 받기만 하고 주는 것이 전혀 없는 늙은 벗 碧史는 이 기회에 삼가 몇 마디 말로서 축하를 드리기로 한다.

二千十二년 十월 한글날
高陽 花亭에서

차례

慕何의 詞華集 出刊을 축하하면서 　　　2

1. 踰鳥嶺 　　　20
2. 蘭社結成 於奉天洞 　　　22
3. 贈芝坡 二首 　　　24
4. 中東有感 　　　28
5. 述懷 　　　30
6. 訪感恩寺址有感 　　　32
7. 登萬里長城 　　　34
8. 春日自嘲 　　　36
9. 敬次碧史壽筵韻 　　　38
10. 北歐有感 　　　40
11. 淨岩寺午睡 　　　44
12. 北京頤和園有感 　　　46
13. 游杭州西湖 　　　48
14. 丙寅元旦 　　　50
15. 印度 二月 　　　52
16. 浦項訪芝軒 　　　54
17. 訪權泰完博士故里 　　　56
18. 咏懷 　　　58
19. 庚午秋夕赴歐洲 　　　60

1. 조령을 넘어가며 21
2. 난사를 결성하고 봉천동에서 23
3. 지파 김호길에게 주다 2수 25
4. 중동에서 느낀 바가 있기에 29
5. 가슴에 품은 뜻을 말하며 31
6. 감은사지를 방문하고 느낀 바가 있어서 33
7. 만리장성에 올라 35
8. 봄날 스스로를 웃으며 37
9. 벽사 이우성 선생의 수연시에 삼가 차운하다 39
10. 북유럽에서 느낀 바가 있어 41
11. 정암사에서 낮잠을 자다 45
12. 북경 이화원에서 느낀 바가 있어 47
13. 항주 서호를 노닐며 49
14. 병인년 설날 51
15. 2월의 인도 53
16. 포항에 지헌을 방문하고 55
17. 권태완 박사의 고향 마을을 방문하여 57
18. 가슴에 품은 뜻을 읊다 59
19. 경오년 추석에 유럽을 가며 61

차례 5

20. 金堤金山寺	62
21. 辛未初夏遊天山北麓	64
22. 夢回鄕里	66
23. 回甲日遊斐濟島 二絶	68
24. 讀玄洲散筆	72
25. 寄經洲壽筵	74
26. 祝無垠回甲	76
27. 贈內子回甲年 二絶	80
28. 省先考墓	84
29. 輓芝軒二首	86
30. 初秋訪桑港	90
31. 過秋風嶺	92
32. 宿飛山福祉館	94
33. 再遊箱根溫泉	96
34. 自遣	98
35. 頌碧史先生古稀	100
36. 登松山城	102
37. 惜別	106
38. 閑情 二首	108

20. 김제 금산사	63
21. 신미년 초여름 천산산맥 북쪽 기슭에 서다	65
22. 꿈에 본 고향	67
23. 회갑날 피지 섬에 노닐다 절구 2수	69
24. 『현주산필』을 읽고	73
25. 경주의 회갑연에 부치다	75
26. 무은의 회갑을 축하하며	77
27. 회갑을 맞은 아내에게 주는 절구 2수	81
28. 선친 묘소를 성묘하고	85
29. 지헌 김호길을 추도하며 2수	87
30. 초가을에 샌프란시스코를 방문하며	91
31. 추풍령을 지나며	93
32. 비산 복지관에 머무르며	95
33. 하코네 온천에 다시 노닐다	97
34. 스스로를 달래며	99
35. 벽사 이우성 선생 고희를 기리며	101
36. 마쓰야마 성에 올라	103
37. 이별을 애석해하며	107
38. 한가로운 마음 2수	109

39. 留鶴寺	112
40. 尚友亭	114
41. 讀詩	116
42. 望漢挐山	118
43. 卜身後之地	120
44. 雪景 於人和苑	124
45. 芝軒墓碑除幕有感	126
46. 拜心山先生墓	128
47. 哭經洲靈前	130
48. 舊曆正初遊日本九州陶瓷名勝地	132
49. 花市	134
50. 晚松亭漫吟	136
51. 歐洲漫遊	138
52. 土耳其故宮	140
53. 希臘神殿	142
54. 蘭社卄年	144
55. 漢陽城	146
56. 論介祠	148
57. 讀陶詩志感	150

39. 유학사   113

40. 상우정   115

41. 시를 읽으며   117

42. 한라산을 바라보며   119

43. 묏자리를 정하고   121

44. 설경 인화원에서   125

45. 지헌 김호길의 묘비 제막식에 느낀 바가 있어서   127

46. 심산 김창숙 선생 묘를 참배하고   129

47. 경주 류혁인의 영전에 곡하며   131

48. 음력 정초에 일본 큐슈 도자기의 명승지를 찾다   133

49. 꽃시장   135

50. 만송정에서 느긋한 마음으로 읊다   137

51. 유럽 여행   139

52. 터키 고궁   141

53. 그리스 신전   143

54. 난사 20년   145

55. 한양성   147

56. 논개 사당   149

57. 도연명의 시를 읽고 느낌을 쓰다   151

58.	鄉第暇日	152
59.	西安懷古	154
60.	桂林漓江	156
61.	清太祖陵	158
62.	眞臘古寺	160
63.	經營談論集出刊志感	162
64.	七旬志感	164
65.	耽羅秋遊	166
66.	山寺初秋	168
67.	十月墓祭	170
68.	沖繩紀行	172
69.	與玄洲丈圍棋因懷芝軒	174
70.	訪蘆山精舍	176
71.	火旺山	178
72.	新春遣懷	180
73.	高校同窓諸位會于美國羅城 二首	182
74.	醉中吟	186
75.	挽鹿邨先生	188

58. 고향집에서 휴가를 보내며   153
59. 서안에서 옛일을 회상하며   155
60. 계림 이강   157
61. 청태조의 능   159
62. 진납국의 오래된 사원   161
63. 경영담론집을 출간하며 감회를 적다   163
64. 일흔이 되어 뜻을 적다   165
65. 가을에 제주도를 노닐며   167
66. 산사의 초가을   169
67. 시월 묘제   171
68. 오키나와 기행   173
69. 현주 김동한 어르신과 함께 바둑을 두다가
   지헌 생각이 나서   175
70. 노산정사를 방문하여   177
71. 화왕산   179
72. 새해에 마음을 풀어 스스로를 달래다   181
73. 고등학교 동창들이 미국 로스앤젤레스에 모여서 2수   183
74. 취중에 읊다   187
75. 녹촌 고병익 선생을 추모하며   189

76. 霖雨初霽	190
77. 再參山花齋伏中燕飲	192
78. 白頭山紀行 四首	194
一. 前一日訪龍井	194
二. 過安圖縣	196
三. 登白頭山	198
四. 上豆滿江堤	200
79. 十二年前 余受大腸手術 　　當時遙看富士山 稍以自慰 　　今天 渡日航空中 又見此山 　　有感	202
80. 甲申年墓祀時 　　想及余曾祖與祖考作孫名之意 有感	204
81. 正月遊濟州民俗村	206
82. 祝碧史先生詩文集刊行	208
83. 讀茶山先生詩	210
84. 余祖考昔陪曺深齋先生 　　登火旺山 有一賦 　　今余讀之 萬感交生	212
85. 再遊婆羅洲	214
86. 晚雪霽後	216

76. 장맛비가 갓 개다 191
77. 산화재의 복중 연회에 다시 참가하여 193
78. 백두산 기행 4수 195
   1. 하루 전날 용정을 방문하다 195
   2. 안도현을 들러 197
   3. 백두산에 오르다 199
   4. 두만강 제방에 올라 201
79. 십이 년 전 내가 대장수술을 받았는데 당시 멀리
    부사산을 바라보며 조금이나마 내 스스로의 마음을
    달랠 수 있었다. 오늘 일본으로 향하는 비행기 안에서
    다시 이 산을 보게 되어 감회가 새로웠다 203
80. 갑신년(2004) 묘사 때 증조부와 고조부가
    손자의 이름을 지어주신 뜻이 생각나서 감회가 일다 205
81. 정월에 제주 민속촌에 노닐다 207
82. 벽사 이우성 선생의 시문집 간행을 축하하며 209
83. 다산 정약용 선생의 시를 읽고 211
84. 돌아가신 할아버님께서 조심재 선생을 모시고
    화왕산에 올라서 부(賦)를 하나 지으셨는데,
    지금 내가 그것을 읽고 만감이 교차한다 213
85. 보르네오에 다시 노닐다 215
86. 철 늦은 눈이 그친 뒤 217

87. 春愁	218
88. 自遣	220
89. 訪陶山書院	222
90. 地中海船遊	224
91. 蘭社	226
92. 得城字韻 因憶大學時節城北洞下宿	228
93. 病後秋日還鄉	230
94. 思鄉	232
95. 訪山寺	234
96. 秋思 二絕	236
97. 江居吟	240
98. 遊日本四國今治市	242
99. 蘭社二十五周年	244
100. 晚松亭重修後還鄉設宴	246
101. 晚秋	248
102. 漫步江堤戲問內子	250
103. 碧史先生伴石如惠訪 二村坊陋舍	252

87. 봄 근심	219
88. 스스로를 위로하다	221
89. 도산서원을 찾아서	223
90. 지중해에서 배를 타고 유람하다	225
91. 난사	227
92. 성(城)자 운을 얻자 대학시절 성북동에서 하숙하던 일이 생각나서	229
93. 병치레 한 뒤 가을날 고향으로 돌아가다	231
94. 고향 생각	233
95. 산사를 찾아서	235
96. 가을 상념 절구 2수	237
97. 강가에 살며 읊조리다	241
98. 일본 시코쿠 이마바리시를 노닐다	243
99. 난사 25주년	245
100. 만송정을 중수한 뒤 고향에서 잔치를 열다	247
101. 늦가을	249
102. 강둑을 천천히 산보하며 아내에게 장난삼아 묻다	251
103. 벽사 이우성 선생이 석여 성대경 교수와 함께 이촌동 우리 집을 방문하다	253

104. 己丑墓祭	254
105. 庚寅新正自問	256
106. 自嘲一絶	258
107. 拜許眉叟先生墓	260
108. 過歲 於日本唐津客舍	262
109. 東日本大地震慘事有感	264
110. 祝杏坡八十壽	266
111. 祝向川仁兄八旬壽	268
112. 倣市隱	270

『東西南北三十年』 후기	272
慕何 李憲祖 그 인간성과 詩	
─ 사화집 『東西南北三十年』에 부쳐	276

104. 기축년 묘제   255
105. 경인년 신정(庚寅年 新正) 스스로에게 묻다   257
106. 스스로를 비웃으며   259
107. 미수 허목 선생의 묘를 참배하다   261
108. 한 해를 보내며 일본 카라츠 객사에서   263
109. 동일본 지진 대참사에 느낀 바가 있어   265
110. 행파 이용태의 팔순을 축하하며   267
111. 향천 김용직 인형의 팔순을 축하하며   269
112. 시은을 흉내 내다   271

東西南北三十年

1. 踰鳥嶺 一九八三年 十月

呼丈呼兄談笑時
嶠南千里路遲遲
三關鳥嶺初秋色
世外閑情有孰知

鳥嶺(조령): 충청북도 괴산군 연풍면과 문경시 문경읍의 경계에 위치하는 고개로 북쪽 마역봉(925m)과 남쪽 조령산(1,026m) 사이에 있다. 문경새재라고도 한다.
嶠南(교남): 조령(鳥嶺)과 죽령(竹嶺) 남쪽지역인 경상도 지방을 가리킨다. 영남(嶺南).
遲遲(지지): 느릿느릿한 모습.
三關(삼관): 조령에 있는 세 관문. 주흘관(主屹關), 조곡관(鳥谷關), 조령관(鳥嶺關)을 가리킨다.
世外(세외): 세상 밖. 조령에서의 정취가 세속을 떠난 듯하다는 뜻이다.

조령을 넘어가며 1983년 10월

모시고 함께하여 웃으며 말도 하며
영남이라 천리 먼 길 쉬엄쉬엄 걸었거니
세 겹 관문 문경새재 이른 가을빛
시름 걱정 떨친 가슴 누가 알리야

2. 蘭社結成 於奉天洞 一九八三年

傳聞聲望已多年
蘭社今宵會奉天
對酒沈吟詩未熟
偶然寫出月規圓

蘭社(난사) : 벽사 이우성(碧史 李佑成) 선생을 좌장으로 하고 이루어진 한시회(漢詩會). 1983년 10월 초 영남과 충청도 지방을 여행하다가 합의 발족되었다. 창립동인 김동한(金東漢), 벽사(碧史), 조순(趙淳), 이헌조(李憲祖), 김용직(金容稷), 김호길(金浩吉) 등이었고 그후 고병익(高柄翊), 김종길(金宗吉), 유혁인(柳赫仁), 이종훈(李宗勳) 등이 참여하여 오늘에 이르고 있다. 이때 봉천동 소천 조순(少泉 趙淳) 집에서 시회(詩會)가 열렸으므로 언급한 것임.
今宵(금소) : 오늘 밤(저녁).
偶然(우연) : 우연히.
規圓(규원) : 둥근 모습.

난사를 결성하고 1983년 봉천동에서

먼빛으로 듣던 성화(聲華) 하마 오랜데
오늘 저녁 봉천동에 시회(詩會) 난사 이루다
고즈넉이 든 술잔에 풍월 설어도
마련 없이 그려 본 달 두둥실 뜨네

3. 贈芝坡 二首

蓮庵工專校址 一名飛鳥谷 開校紀念式典時
芝坡言及飛鳳 以期後日

一.

飛鳥谷閑春色微
丈夫豪氣託松枝
吾君手植新苗木
他日成材必有時

芝坡(지파) : 고 김호길(1933~1993) 박사. 경북 안동 출신의 물리학자. 1956년 서울대학교 물리학과를 졸업했다. (영국과 미국의 명문 대학에서 강의하고) 방사광 가속 장치의 전문가이다. 귀국하여 연암공전 초대 학장과 포항공대 초대 총장을 역임했다.
蓮庵工專(연암공전) : 1973년 LG(당시는 금성)그룹이 새 시대의 공학도를 양성하기 위해 경상남도 진주시에 건립한 대학.

지파 김호길에게 주다 2수

연암공전의 학교터가 일명 비조곡인데, 개교기념식장에서 지파(芝坡)가 나는 봉황을 언급하면서 후일을 기약하였다

1.

고즈넉한 비조곡(飛鳥谷)에 스며든 봄빛인데
사나이 큰파람이 푸른 솔로 뻗는다
그대가 손수 심은 새 묘목들임에
다음 날에 쓰일 재목 어김없이 자라나리

二.

遍探物理察機微
一面悠然算幹枝
占卜告知何可信
寧修人事待天時

機微(기미) : 사물 변화가 시작될 때의 미세한 조짐.
悠然(유연) : 한가로운 모습. 도연명(陶淵明)의 시에 "채국동리하(採菊東籬下) 유연견남산(悠然見南山)"이라고 있다.
算幹枝(산간지) : 천간지지(天干地支)를 계산하다. 운수가 어떻게 될지를 점치는 것을 말한다.
占卜(접복) : 점을 치다.
待天時(대천시) : 하늘의 때를 기다리다. 이 구절은 "진인사대천명(盡人事待天命)"의 구절에서 가져온 것이다.

2.

사물 원리 두루 알고 세상 이치 꿰뚫었고
한편으로 느긋하게 천간지지(天干地支) 헤아리지
접괘의 가리킴은 믿을 것 아니기에
지극 정성 다하여 천명(天命)을 기다리세

4. 中東有感

亞臘元無慰樂杯
黃砂灼熱旅愁催
繁華總是油田産
豈識春光不再回

亞臘(아랍) : 중동 국가를 가리킨다.
慰樂杯(위락배) : 슬픔을 위로하고 기쁨을 즐기는 잔. 즉 술을 뜻한다. 원래 아랍인들은
  술을 마시지 않는다.
黃砂(황사) : 중동의 모래사막을 가리킨다.
灼熱(작렬) : 매우 뜨거운 모습.
旅愁(여수) : 나그네 시름. 고국을 떠나 멀리 중동에 머무는 시름을 말한다.
豈識(기식) : 어찌 알 것인가.

중동에서 느낀 바가 있기에

아랍 사람 본시부터 술 즐길 줄 몰라 하여
지글대는 모래사막 여수(旅愁)만 이글댄다
번영 흥성 통틀어서 석유 생산 덕분인데
그 어찌 다시 봄철 안 오는 줄 모르는가

5. 述懷

何事營營濁世間
生來冀願在靑山
遙瞻火旺淸晨起
獨釣前江薄暮還
性命溫存朱語錄
愚蒙喝破佛門關
年年洛水流無盡
西嶺晚松心自閑

余生長洛水之西來濟里 隨時遙望昌寧火旺山
余祖考嚜齋公有遊火旺山賦 洛水邊有獨釣岩
余曾祖考號西岡公以名別墅 余高祖考希覺公築晚松亭

營營(영영): 바삐 돌아다니며 일을 하는 모습.
火旺(화왕): 화왕산. 경상남도 창녕에 있는 산의 이름. 산 정상의 억새군락이 유명하다.
性命(성명): 하늘이 내린 인간의 본성. 주희(朱熹)는 "사물이 받은 것을 성이라고 하고 하늘이 준 것을 명이라고 한다.(物所受爲性, 天所賦爲命.)"고 했다.
喝破(갈파): 간단한 말로 큰 이치를 알려주는 것을 말한다. 불교의 선종(禪宗)에서 화두 (話頭)를 붙잡고 참선하는 것도 이에 포함된다.

가슴에 품은 뜻을 말하며

무어라 티끌 세상 아등바등 살 것인가
살어리 푸른 산속에 내 생긴 대로 살어리랐다
화왕산 바라보며 신새벽에 일어나고
앞강에서 홀로 낚시 으스름 녘 돌아가리
하늘 끼친 인간성정 섬기라는 주자(朱子) 말씀
어린 중생 미망 떨침 부처의 교리였지
연연세세(年年歲歲) 낙동강 물 흘러흘러 다함없고
서쪽 고개 늙은 솔은 절로절로 살어리랐다

　　　　나는 낙동강 서쪽의 내제리에서 태어나 때때로 멀리 창녕 화왕산을 바라보며 자랐다.
　　　　조부이신 효재공께서 화왕산에 노닐며 지으신 부가 있고 낙동강 가에는 독조암이 있다.
　　　　증조부께서는 서강공이라고 불리셨는데 이로 별장 이름을 지으셨으며, 고조부이신 희각공께서는 만송정을 지으셨다.

洛水(낙수) : 원래 중국의 낙양을 지나는 강이지만, 여기서는 낙동강을 가리킨다.
西嶺(서령) : 서쪽 고개. 여기서는 증조부의 호인 서강(西岡)과 이로써 명명한 별장을 염두에 두고 언급한 것이다.
晩松(만송) : 오래된 소나무. 여기서는 속세를 떠나 자연 속에서 은일하는 선비의 지조를 상징한다. 아울러 고조부께서 만송정(晩松亭)을 지으신 뜻을 가리키기도 한다.

6. 訪感恩寺址有感

寂寂荒階烏雀哀
聳天雙塔白雲廻
經綸一代飄然去
戰伐千年反復來
怒浪益高藏聖塚
烈風無息見龍臺
忠誠義俠今安在
遊客傷心酒一杯

感恩寺(감은사) : 경상북도 경주시 양북면 용당리에 있던 절. 문무왕은 해변에 절을 세워 불력으로 왜구를 격퇴시키려 하였으나, 절을 완공하기 전에 위독하게 되었다. 문무왕은 승려 지의(智義)에게 "죽은 후 나라를 지키는 용이 되어 불법을 받들고 나라를 지키겠다."고 유언을 남겼다. 그가 죽은 뒤 화장을 하여 동해에 안장하였으니, 이것이 해중릉(海中陵)인 대왕암(大王巖)이다. 신문왕은 부왕의 뜻을 받들어 682년 절을 완공하고 감은사라 하였다.
荒階(황계) : 황폐한 계단. 감은사 절터를 가리킨다.
烏雀(오작) : 까마귀와 참새.
聳天(용천) : 하늘 높이 솟다.
雙塔(쌍탑) : 감은사지에 있는 두 개의 탑.
經綸(경륜) : 세상을 다스리다. 신라 왕조가 나라를 다스린 것을 가리킨다.
聖塚(성총) : 성스런 무덤. 문무왕의 무덤인 대왕암을 가리킨다.
龍臺(용대) : 감은사 앞 연못에 용대가 있는데, 이 연못이 동해로 통해 대왕암으로 연결된다고 한다. 그 가까이 대왕암을 볼 수 있는 자리에 이견대(利見台)가 있다.
安在(안재) : 어디에 있는가?
遊客(유객) : 나그네. 여기서는 필자를 가리킨다.

감은사지를 방문하고 느낀 바가 있어서

쓸쓸한 옛 절자리 새소리 구슬픈데
하늘 높이 솟은 쌍탑 흰구름이 휘감는다
한세상 얽은 경륜 가뭇없이 사라지고
전벌(戰伐)로 지샌 천년 일락밸락 하였거니
거친 파도 드높아도 대왕 무덤 갈무리고
거센 바람 드세어도 이견대 저기 있다
충성과 의협 남아 지금 어디 있는 건가
시름겨운 이 나그네 술잔을 들어본다

7. 登萬里長城

未到燕京已在心
長城萬里遠來臨
悲傷祖國分南北
羨慕中華貫古今
樓閣簷端紛雪舞
旅人襟裏朔風侵
西山日暮詩難就
聊倣當年老杜吟

萬里長城(만리장성) : 진시황 때 북방의 오랑캐를 막기 위해 건설하기 시작했다. 북경의 팔달령(八達嶺)에 있는 장성이 관광지 구실을 한다.
燕京(연경) : 중국의 수도인 북경의 별칭.
紛雪(분설) : 분분히 흩날리는 눈발.
旅人(여인) : 나그네. 여기서는 필자를 가리킨다.
朔風(삭풍) : 북쪽에서 불어오는 매서운 바람.
聊倣(요방) : 본뜨기를 바라다.(애오라지 본 따보다)
老杜(노두) : 당나라 시인인 두보를 말한다.

만리장성에 올라

신들매 매기 전에 익히 들은 중국 서울
만리라 긴긴 장성 내가 이제 여기 섰다
슬프구나 내 나라는 남북으로 찢겼는데
부러워라 예와 지금 한 줄기 중화나라
다락집 처마 끝에 눈은 날려 춤을 추고
나그네 옷깃 속에 삭풍이 파고든다
서녘 산 해지는데 시는 상기되지 않아
그 옛날 두보(杜甫) 투를 아야로시 본떠본다

8. 春日自嘲

江右寒村一布衣
出遊京洛事多違
心存書卷終難顧
志切田園尚未歸
晚暮弟兄聯枕少
風塵朋友盍簪稀
夕陽佇立膽冠岳
片片浮雲帶雨飛

江右(강우) : 강의 서쪽. 여기서는 낙동강의 서쪽, 서부 경남을 가리킨다.
寒村(한촌) : 쓸쓸한 마을. 필자의 고향인 경상남도 의령군(宜寧郡) 낙서면(洛西面) 내제리(來濟里)를 말한다.(가난한 마을)
布衣(포의) : 벼슬을 하지 않은 선비를 뜻함. 여기서는 필자가 겸손하게 자신을 말한 것이다.
京洛(경락) : 중국의 옛수도 낙양. 주로 수도를 의미하며 여기서는 우리나라 서울을 가리킨다.
晚暮(만모) : 늘그막에.
聯枕(연침) : 베개를 나란히 하다. 형제가 곁하여 잠자는 것을 뜻한다.
盍簪(합잠) : 모이다. (만나다 추가)

봄날 스스로를 웃으며

태어나긴 낙동 서쪽 가난한 마을 출신
고향 떠나 서울 살이 뜻대로 안 되누나
마음은 글 읽는 일, 끝끝내 못 이루고
생각은 전원(田園)의 삶, 상기도 못 돌아가
형과 아우 늘그막에 한 베개에 잠들고저
풍진 세상 벗님네들 모이는 일 뜸해지네
석양에 홀로 서서 관악산 바라보니
뜬구름 조각조각 비를 띠고 날아간다

9. 敬次碧史壽筵韻

少從師友作淸遊
名振斯文第一流
壽宴奈何吟白髮
講壇還有詠靑丘
遍修史實三韓國
洞察機微六大洲
時得偸閑塵俗外
尋眞栖碧却無愁

碧史(벽사) : 이우성(李佑成). 자(字)는 사길(士吉), 호는 길보(吉甫), 서벽외사(栖碧外史). 1925년 생으로 성균관대 교수, 대동문화연구원장, 연세대 석좌교수, 민족문화추진회(구 고전번역원) 이사장을 지냈고, 현재 대한민국학술원 회원, 퇴계학연구원장. 특히 실학연구의 총본산인 실시학사 설립 운영에 전력투구하여 올해 다섯 권으로 된 연구서 출간을 주재하였다.
斯文(사문) : 유교적 학문, 도의를 이른다. 또한 유학자나 유림을 가리키기도 한다.
師友(사우) : 스승과 벗들.
奈何(내하) : 어찌하여.
靑丘(청구) : 우리나라의 별칭.
偸閑(투한) : 한가한 틈을 타다.
栖碧(서벽) : 푸르름에 깃들다. 산림에 살다.

벽사 이우성 선생의 수연시에 삼가 차운하다

젊으실 적 스승 따라 격조 높이 노니시고
문장 도덕 떨치어서 제일류를 이루시다
수연이라 어이하여 백발만 노래하리
강단에선 어김없이 나라 사랑 읊으려니
우리 삼한 역사 진실, 찾아서 엮어내고
육대주 정세, 동향 살살이도 꿰이시네
시시때때 고즈넉이 티끌 먼지 멀리하셔
근심걱정 바이 없이 푸른 이내 더브시라

10. 北歐有感

一.

白夜無昏曉
隨時聽啼鳥
山高水亦長
自覺羈愁少

白夜(백야) : 북유럽은 위도가 높아서 하지(夏至) 부근에는 밤에도 환하다.
無昏曉(무혼효) : 저녁이나 새벽의 구분이 없다. 저녁에도 새벽처럼 환하다는 뜻이다.
羈愁(기수) : 나그네의 시름.

북유럽에서 느낀 바가 있어

1.

낮과 같이 흰 빛 밤에 아침저녁 분간 없다
다만당 새소리만 어느 제나 들린다네
산은 높고 높고 물은 길고 길고
나그네 된 이내 마음 근심도 사라진 듯

二.

北歐春早曉
水碧游禽鳥
幾處賞風光
年年興趣少

2.

유럽도 북쪽나라 봄은 이른 새벽인데
푸른 물감 들인 물에 새들이 잠방인다
여기 또 저기, 바라보기 좋은 풍광
가는 해 오는 해에 즐거움은 일락 밸락

11. 淨岩寺午睡

蕭蕭細雨下秋天
俗客山僧共午眠
人世回頭眞苦海
夢中徒上法燈船

淨岩寺(정암사) : 강원도 정선군 태백산에 있는 절. 신라 선덕여왕 14년(645)에 자장율사(慈藏律師)가 창건하였다. 부처님의 정골사리(頂骨舍利)를 모신 적멸보궁(寂滅寶宮)이 있다.
午睡(오수) : 낮잠.
蕭蕭(소소) : 쓸쓸한 모양. 바람소리.
俗客(속객) : 속세의 나그네. 여기서는 필자를 가리킨다.
苦海(고해) : 불교에서 세속을 일컫는 말로 번뇌와 고통이 많음을 말한다.
法燈(법등) : 불전에 놓는 등. 나아가 불법으로 세속의 미혹함을 밝게 깨치는 것을 말함.

정암사에서 낮잠을 자다

가을이라 이슬비가 흠성듬성 뿌리는데
나그네와 산속 중이 낮잠을 함께 자네
돌이키면 인간세상 속절없는 고해(苦海)인데
꿈을 빌려 한갓되게 법등선(法燈船)을 타도보다

12. 北京頤和園有感

名園不見舊時花
華閣寥寥日欲斜
太后簾中何政事
軍需蕩盡失邦家

頤和園(이화원) : 중국 북경에 있는 황실의 여름 별장. 금나라 때인 12세기 초에 처음 조성되어, 1750년 청나라 건륭제(乾隆帝) 때 대폭 확장되었다. 1860년 서구 열강의 침공으로 파괴되었다가 서태후(西太后)가 실권을 장악한 1886년 재건. 이곳에서 수렴청정을 한 서태후는 각종 전각과 사원을 지어 본격적으로 국사를 볼 수 있게 궁전 형태로 변모시켰다. 이 재건에 막대한 자금을 쏟아 부어 국방이 소홀이 되었다. 그것이 1894년 청일전쟁에서 청나라가 패배한 빌미로 작용했다.
寥寥(요료) : 쓸쓸한 모습.
邦家(방가) : 나라.

북경 이화원에서 느낀 바가 있어

이름만이 높은 정원 옛날 꽃들 어디 있나
단청한 다락집에 기우는 해 쓸쓸하다
서태후는 주렴치고 무슨 정치하였던가
군비에 손방하여 나라마저 잃었으니

13. 游杭州西湖

江南修竹勝春花
葉葉靑靑細雨斜
遠到西湖秋已晚
白堤堤上客思家

西湖(서호) : 중국 절강성 항주에 있는 호수.
修竹(수죽) : 높이 뻗은 대나무.
白堤(백제) : 서호에 있는 제방의 이름. 당나라 백거이(白居易)가 지었다는 설이 있다.

항주 서호를 노닐며

강남땅 긴 대나무 봄꽃이 무색하다
푸르디푸른 잎들 실비에 비껴있네
서호는 머나먼 길 가을은 이미 깊어
백제(白堤) 제방 내가 서서 고향을 그려본다

14. 丙寅元旦

傲兀風霜我獨行
信知榮辱一毫輕
孜孜耿介盡人事
更不虛謀身後名

丙寅(병인) : 서기 1985년.
傲兀(오올) : 자부심이 가득한 모습.
信知(신지) : 진실로 알고 있다 믿어 의심치 않음.
一毫輕(일호경) : 털 하나 만큼 가볍다. 아주 미미함을 뜻한다.
孜孜(자자) : 부지런한 모습.
耿介(경개) : 공명정대를 추구하다.
身後名(신후명) : 죽고 난 뒤의 명성.

병인년 설날

바람서리 무릅쓰고 굳건하게 내가 간다
영화와 욕됨이사 터럭처럼 가벼운 것
올바르게 부지런히 내 몫만은 다해가리
부질없는 후세 명성 도모치는 않으리라

15. 印度 二月

到處春花點點紅
開襟冷冷却秋風
漫游天竺兩三日
醉裏飛回雲海中

漫游(만유) : 느긋하게 노닐다.
天竺(천축) : 인도의 옛적 이름.

2월의 인도

봄날의 꽃 어디에나 울긋불긋 피어있다
터진 옷섶 싸늘하여 가을바람 든 듯하다
이 며칠을 느긋하게 천축국 구경하고
구름바다 취한 속에 날개 달고 돌아간다

16. 浦項訪芝軒

南馳鐵馬駕秋風
來訪佳朋古邑東
批點蕪詩詞屢改
峻論時局志相通
松羅海畔飛禽白
雁鴨池邊落葉紅
勝日淸遊終惜別
歸情却似逐飛蓬

芝軒(지헌) : 고 김호길(1933~1993) 박사. 앞에 나오는 <贈芝坡>의 주석 '지헌' 참조.
古邑東(고읍동) : 옛 도읍지의 동쪽. 신라의 수도인 경주의 동쪽에 있는 포항을 가리킨다.
批點(피점) : 시나 문장에 점을 찍으며 비평하는 것.
蕪詩(무시) : 잘 다듬어지지 못한 거친 시.
松羅(송라) : 포항시 북부에 있는 해변 마을.
雁鴨池(안압지) : 경주에 있는 연못.
勝日(승일) : 친구끼리 모여 즐겁게 보내는 날.
飛蓬(비봉) : 날리는 쑥대. 안정되지 않고 정처 없이 떠도는 것을 비유한다.

포항에 지헌을 방문하고

가을바람 실어 타고 철마로 남하하여
옛 고을 동녘 사는 좋은 벗님 만났다네(찾았다네)
거친 말들 찾아내어 시편을 가다듬고
준론(峻論)으로 시국 설파 뜻을 서로 함께하다
송라(松羅)라 바닷가에 나는 새 날개 희고
안압지 물기슭에 단풍잎들 떨어지네
저절사 맑은 하루 종당에는 이별일세
아쉬워라 귀가 길이 쑥부쟁이 나는 듯하다

17. 訪權泰完博士故里

吾友仁溪權泰完博士 以食糧問題專門家
多年注力於大豆蛋白質分野者也 其鄉里
今屬城南市而舊稱廣州郡大旺面金土里
內洞 地名似有期遠大之意 其人則以種豆
半畝之地而自適也 初夏一日 偶然與仁溪
同遊清溪山下洞谷 芝軒共之 有感而作

地呼金土隔煤煙
逸士歸來半畝田
過雨青山圍繡障
穿雲紅照泛華船
今朝種豆虛心作
他日裕民遠計連
試問人生窮極意
清溪山下送餘年

煤煙(매연) : 그을음과 연기. 전원과 대비되는 도시를 비유한다.
逸士(일사) : 은자. 뛰어난 선비. 여기서는 권태완 박사를 가리킨다.
繡障(수장) : 수놓은 장막(병풍). 수놓은 듯 아름답게 펼쳐진 산을 가리킨다.

권태완 박사의 고향 마을을 방문하여

내 벗인 인계 권태완 박사는 식량문제 전문가로서 다년간 대두 단백질 분야의 연구에 주력하였다. 그의 고향은 지금의 성남시에 있는데 옛날에는 광주군 대왕면 금토리 내동이라고 불렸다. 그 지명에 마치 원대함을 기(期約)하는 뜻이 내포된 듯하고, 사람됨이 그래서 반 마지기의 땅에 콩을 심으면서 유유자적하는 것인가 한다. 초여름 어느 날 우연히 인계와 함께 청계산 아래 동곡을 노닐었는데 지헌(芝軒)이 함께 하였기에 느낀 바가 있어서 짓다.

금토리로 전하는 땅 저자 매연 밖에 있다
은자로 고향 찾아 반마지기 땅을 가네
비 그치면 짙푸른 산, 수를 놓은 장막 되고
붉은 햇살 구름 걷어 채색한 배 돌아 든다
오늘 아침 심은 콩은 욕심 털고 기뤄보리
다음날 민생(民生) 차비 마음으로 다져보네
세상살이 참된 뜻이 어디 있나 물어보자
청계산 자락 아래 남은 생 살어리란다

18. 詠懷

俯瞰溶溶漢水流
回思漠漠卅春秋
青雲已遠獨行路
紅照將斜雙立樓
濟度貧窮猶有術
昂揚正義却添愁
功名元是南柯夢
莫使吾生形役囚

溶溶(용용) : 물이 넘실거리는 모습.
卅春秋(삽춘추) : 卅(삽)은 三十(삼십)을 줄여서 쓴 것, 운문에서는 운을 맞추기 위해 이런 글자를 쓴다. 30년.
雙立樓(쌍립루) : LG 트윈타워를 가리킨다.
南柯夢(남가몽) : 남쪽 가지의 꿈. 남가일몽(南柯一夢), 인생사가 한때의 꿈과 같음을 뜻함. 당나라 이공좌(李公佐)가 지은 『남가태수전(南柯太守傳)』에 나오는 이야기. 순우분(淳于棼)이 꿈에 괴안국(槐安國)에 가서 공주와 결혼하고 남가태수가 되어 부귀영화를 이루었는데, 꿈에서 깨어보니 정원 앞 홰나무 아래 개미굴이 있었고 그 굴속이 꿈속의 괴안국이었다고 한다. 남쪽 가지는 정원 남쪽에 있는 홰나무를 가리킨다.
形役囚(형역수) : 감옥에서 복역하는 죄수. 일신의 영달에 얽매여 사는 것을 가리킨다.

가슴에 품은 뜻을 읊다

넘실넘실 흘러가는 한강물 굽어본다
아득한 내 고향길 30년이 지나갔네
청운의 푸른 꿈은 이미 멀어 내 홀론데
저녁노을 어느 새에 두 다락집 비추인다
나라 살림 구제할 길 바이없지 않지마는
옳은 일 바로가긴 걱정이 앞서가네
부귀공명 애시당초 한 마당 꿈결임에
살고지고 이 한 몸이 굴레 벗고 살고지고

19. 庚午秋夕赴歐洲

雲海無邊返照紅
航空萬里御秋風
朝辭茶奠殘香裡
夕到西洋激浪中

庚午(경오) : 서기 1990년.
返照(반조) : 저녁노을.
茶奠(다전) : 차례상.
西洋(서양) : 여기서는 대서양을 가리킨다.

경오년 추석에 유럽을 가며

가이없는 구름바다 붉은 노을 되비치고
만리길 날개 달아 가을바람 거느렸네
다례상 모신 아침 피운 향 상기인데
해거름 어느 사이 큰 물결 치는 대서양을 이르렀네

20. 金堤金山寺

古廟新開百日紅
金山寺路颯清風
旅情多向三南地
欲洗煙塵萬壑中

金山寺(금산사) : 전라북도 김제시 모악산(母岳山) 남쪽 기슭에 있는 대사찰로 삼국시대 때 창건되었다.
三南(삼남) : 충청도, 전라도, 경상도를 아울러 일컫는 말.

김제 금산사

해묵은 옛 절집에 백일홍 피어있어
금산사 가는 길에 맑은 바람 절로 인다
나그네 발길 따라 삼남 땅 들어서니
이골 저골 티끌 먼지 한 점 없이 씻고 지고

21. 辛未初夏遊天山北麓

千年雪白夕雲紅
兀兀天山禪定風
一掬冰泉心自淨
羈愁沁入水聲中

辛未(신미) : 서기 1991년.
天山(천산) : 타클라마칸 사막을 가로지르는 산맥. 그 정상을 이루는 봉우리에는 만년설이 있다.
北麓(북록) : 북쪽 산기슭.
兀兀(올올) : 우뚝 솟은 모습.
禪定(선정) : 불교에서 수도의 한 방법. 정신을 집중시켜 진리를 직관하는 경지에 이르게 함. 참선.
掬(국) : 움켜쥐다.
羈愁(기수) : 나그네의 시름.
沁入(심입) : 스며들다.

신미년 초여름 천산산맥 북쪽 기슭에 서다

천년 묵은 눈은 희고, 붉은 빛 저녁 구름
높이 솟은 천산산맥 망아참선(忘我參禪) 바람 인다
얼음 샘물 한 움큼에 마음 절로 맑아지고
나그네 지닌 시름 물소리로 스며든다

22. 夢回鄉里

營營六十混塵沙
今夕閑情向故家
村老午眠槐下否
井頭含哂石榴花

營營(영영) : 바삐 돌아다니며 일을 하는 모습.
塵沙(진사) : 티끌과 모래. 여기서는 세속의 먼지.
槐下夢(괴하몽) : 앞에 나오는 <咏懷>의 주석 '남가몽' 참조.
含哂(함소) : 含笑(함소)와 같다. 미소를 머금다.

꿈에 본 고향

60년을 아등바등 저자 살림 살았거니
한가함에 오늘 저녁 고향집을 그려 본다
마을의 어른분네 괴목(槐木) 아래 낮잠 들고
우물가의 석류꽃은 고운 웃음 웃고 있데

23. 回甲日遊斐濟島 二絶

一.

一色蒼蒼水接天
人從椰子樹陰眠
南洋絶島羈愁遠
坐看浮游數葉船

斐濟島(비제도) : 남태평양에 있는 피지 섬.
坐看(좌간) : 물끄러미 쳐다보는 것.

회갑날 피지 섬에 노닐다 절구 2수

1.

청남색 푸른 물 빛 하늘과 맞닿았고
야자수 그늘 아래 사람들은 잠을 자네
남태평양 먼 쪽섬 나그네 정 아득함에
하염없이 바라봤다 나뭇잎 같은 배들

二.

天涯孤島白雲閒
落日茫茫海鳥還
南土風情無限好
遊人却憶故鄉山

茫茫(망망) : 넓직한 모양. 광대한 모양. 끝없는 모양.
却憶(각억) : 돌이켜 생각함.

2.

하늘가에 외오뜬 섬 흰 구름 한가한데
지는 해 아득한 곳 바닷새가 돌아온다
어절사 남국 풍경 그지없이 좋고 좋다
나그네로 노닌 사람 고향산천 그립고야

24. 讀玄洲散筆

吾山堂古百禽啼
春雨濛濛響小溪
欽仰先人尋古跡
玄翁譜學亘東西

玄洲散筆(현주산필) : 1993년 현주 김동한(金東漢) 동인이 퍼낸 수필집. 일찍 서울대학교 공과대학 토목공학과를 졸업. 대한토목학회회장을 역임했고, 난사 동인이었다.
吾山堂(오산당) : 경남 거창 현주장(玄洲丈)의 고향에 있는 조선 전래의 다락집.
濛濛(몽몽) : 비로 어두침침함.
欽仰(흠앙) : 존경하고 우러러 봄.
譜學(보학) : 옛 가문의 유래를 족보(族譜)나 거주지를 통하여 공부. 인문, 지리에 밝아야 된다.

『현주산필』을 읽고

온갖 새 지저귀는 오산당은 해묵은 집
봄비에 불어난 물 개울이 울어 옌다
선현들을 공경하여 묵은 자취 찾아다녀
예와 이제 동서 보학(譜學) 두루 아는 현주(玄洲) 선생

25. 寄經洲壽筵

少時行路雪風飛
今日高堂着錦衣
華宴方酣歌舞好
經洲淸德世間稀

經洲(경주) : 고 유혁인(柳赫仁, 1934~1999). 서울대학교 문리과대학 사회학과를 졸업했으며 동아일보 정치부장과 공보처 장관을 역임하였다.

경주의 회갑연에 부치다

젊어서 예던 길에 눈보라도 날렸거니
오늘의 그대 보람 비단 옷 되었다네
회갑연 무르익어 노래와 춤 아우르니
얼사절사 경주의 덕 가할 데 바이없다

26. 祝無垠回甲

一.

幽深芝谷瑞雲生
一日麒麟出世鳴
文質彬彬窮物理
經綸明澈策縱橫

無垠(무은) : 무은재(無垠齋) 고 김호길(1933~1993)의 호. <贈芝坡>의 주석 '지헌' 참조.
芝谷(지곡) : 지초가 있는 골짜기라는 뜻으로 여기서는 김호길 박사의 고향인 안동 길안면 지례동을 말한다.
文質彬彬(문질빈빈) : 바탕과 자질이 균형을 맞춘 상태를 말한다. 군자의 참모습이다.

무은의 회갑을 축하하며

1.

지초(芝草) 피는 그 골짝에 색동구름 피어나고
어느 날 나툰 기린 한 뉘를 울음 울다
안팎이 어김없고 사물이치 궁구하며
세상 버리 밝히 알고 주획도 비상하다

二.

漠漠浮沈六十生
華筵今日管絃鳴
仰天俯地應無愧
芝澧虹雲自在橫

仰天俯地(앙천부지) : 하늘을 우러르고 땅을 굽어 봄. 마음에 부끄러움이 없는 상태를
　　가리킴. 출전『맹자』,「君子三樂」
芝澧(지례) : 안동시 길안면 지례마을. 김호길 박사의 고향.
虹雲(홍운) : 무지개 구름. 상서로움을 상징한다.

2.

아득했다 60평생 삶이사 일락밸락
회갑잔치 열린 오늘 풍악이 유량하다
하늘 땅 살펴봐도 부끄러움 한 점 없어
그대 고향 지례 마을 무지개도 걸리겠다

27. 贈內子回甲年 二絶

一.

山淸地僻玉人棲
卄歲趨庭首髻低
結髮隨郞東嫁日
停轎西嶺盼丹溪

山淸(산청) : 경상남도 산청군.
玉人(옥인) : 옥 같은 사람. 여기서는 필자가 아내를 가리킨 말.
卄歲(입세) : 스무 살. 한자로 二十을 만든 것이 卄(입)이다.
趨庭(추정) : 뜰을 종종걸음으로 다니다.『논어(論語)계씨(季氏)』에 따르면, "공자께서 일찍이 홀로 서 계시는데, 아들인 리가 종종걸음으로 뜰을 지나갔다. 공자께서 '시를 공부하였느냐'고 하시자 '아직입니다.'라고 대답하였다. '시를 배우지 않으면 말을 할 수 없다.'고 하셨다. 그래서 리가 물러나서 시를 배웠다. 그 후에 또 홀로 서 계시는데, 리가 종종걸음으로 뜰을 지나갔다. 공자께서 '예를 공부하였느냐'고 하시자 '아직입니다.'라고 대답하였다. '예를 배우지 않으면 설 수 없다.'고 하셨다. 그래서 리가 물러나서 예를 배웠다.(孔子嘗獨立, 鯉趨而過庭. 曰學詩乎, 對曰, 未也 '不學詩, 無以言.'鯉退而學詩. 他日, 又獨立, 鯉趨而過庭. 曰學禮乎, 對曰, 未也 '不學禮, 無以立.'鯉退而學禮.")라고 되어 있다. 이로부터 "추정"은 아들이 아버지의 가르침을 받는 것을 뜻한다.
首髻低(수계저) : 머리를 아래로 늘어뜨리다. 댕기를 땋은 모습을 가리킨다.
結髮(결발) : 쪽을 찌다. 여자가 결혼하는 것을 가리킨다.
盼(분) : 눈예다. 날이 새려하다. 여기서는 미인 눈이 움직이는 모양.
丹溪(단계) : 산청 마을의 옛 이름. (부인의 친정 마을)

회갑을 맞은 아내에게 주는 절구 2수

1.

산청 땅 비좁아도 옥같은 이 태어나서
스물까지 조신하고 규중범절 익혔다네
머리 올려 신랑 따라 동쪽으로 시집온 날
서령(西嶺)에 가마 세워 돌아서 본 고향 단계

二.

四十星霜安分棲
風波共棹任高低
餘生但願身康健
卿作山花儂碧溪

星霜(성상) : 세월.
任高低(임고저) : 높아지고 낮아지는 것을 내버려두다. 몸을 인생의 세파에 맡겨 살아가
　　　 다는 것을 뜻한다.
卿(경) : 그대. 필자가 부인을 가리킴.
儂(농) : 나. 필자 자신.

2.

겹친 세월 마흔 해를 안분지족(安分知足) 삶 살았고
바람 불고 물결 쳐도 같은 배로 헤쳐왔지
바라느니 남은 세상, 병수 없이 살고지고
그대는 산에 핀 꽃, 내사 그만 푸른 시내

28. 省先考墓

松楸寂寂帶香烟
遠峀參差洛水連
奠罷丁寧囑山鳥
休從地下攪安眠

松楸(송추) : 소나무와 가래나무. 다 묘지에 심는 나무로 묘지를 가리킨다.
遠峀(원수) : 먼 산.
參差(참치) : 가지런하지 않고 들쭉날쭉한 모습.
洛水(낙수) : 여기서는 낙동강을 가리킨다.
奠罷(전파) : 제사를 마치다.
囑(촉) : 부탁한다.
攪(교) : 번거롭게 하다. 방해하다.

선친 묘소를 성묘하고

묘소는 쓸쓸하다 향 사른 내가 핀다
먼 산은 머흘머흘 낙동강물 일렁일렁
제 마치고 애끈하게 산새에게 알리는 말
저승의 편안한 잠 엇박자를 놓지 말라

29. 輓芝軒 二首

1.

悲音遽至哭連聲
六十如何畢一生
雄志未成多少恨
飄然遐擧九泉程

遐擧(하거) : 멀리 떠나다.
九泉(구천) : 저승. 황천.

지헌 김호길을 추도하며 2수

1.

불시에 닥친 부음(訃音) 목울대가 막히는데
육십에 무슨 일로 한평생이 마감인가
그 큰 뜻 못 다하여 한도 없지 않으련만
머나먼 황천길을 표표히도 떠나가다

2.

北邙山上百花開
一曲狂歌薦一杯
月月年年蘭社日
無忘乘鶴訪余來

當時余在東京駒込病院

薦(천) : 올려 바치다.

2.

북망산 마루턱에 오만 꽃 피었으리
한 곡조 상도 노래 술 한 잔을 올리려네
나달 가고 해가 가도 고쳐 못 올 난사(蘭社) 모임
학을 불러 잊지 말고 이내 친구 찾아주게

    당시 나는 동경 코마고메 병원에 있었다

30. 初秋訪桑港

桑港飛來萬里程
青天碧海一如淸
金門橋上懸秋月
高廈難聽蟋蟀聲

桑港(상항) : 미주 샌프란시스코
高廈(고하) : 고층 빌딩.
蟋蟀(실솔) : 귀뚜라미.

초가을에 샌프란시스코를 방문하며

몇 만리 머나먼 길 상항(桑港)에 날아드니
푸른 하늘 남빛바다 한가지로 맑디맑다
금문교 다리 위에 가을 달 걸렸어도
높디높은 고층건물 실솔 소리 안 들린다

31. 過秋風嶺

出張途中 少憩秋風嶺上 得一絶

營營勞役俗塵間
且喜時時遊好山
一日長驅京釜路
秋風嶺上暫偸閑

少憩(소게) : 잠깐 쉬다. 게(憩)는 '쉬다'의 뜻.
京釜路(경부로) : 서울 부산 간 고속도로.
偸閑(투한) : 한가한 틈을 내다.

추풍령을 지나며

출장 가는 길에 잠시 추풍령에서 쉬다가 절구 한 수를 얻다

세속 일에 얽히섥히 얽매어 살다가도
겨를 얻어 좋은 산에 노니는 것 즐거워라
하루 종일 서울 부산 먼 길을 달렸거니
추풍령 고개 위서 잠깐 한숨 돌려보네

32. 宿飛山福祉館

金星社福祉館在龜尾市飛山洞俯瞰洛東江之勝 一宿有一絕

客館高臨市巷間
清晨開戶眺江山
金烏遠嶺新秋色
洛水中流群鴨閑

市巷(시항) : 도시와 마을. 흔히 사람이 모여 북적거리는 거리를 가리킨다.
金烏(금오) : 금오산. 경상북도 구미와 금릉, 칠곡 사이에 있다. 높이 323m.

비산 복지관에 머무르며

　　금성사 복지관은 구미시 비산동에 있는데 낙동강의 멋진 풍경을 내려다볼 수 있다. 그곳에서 하루 머물면서 절구 한 수를 지었다

복지관 언덕 높아 저자거리 굽어보고
맑은 새벽 문을 열어 뫼와 가람 바라느니
금오산 먼 산마루 가을 빛 새로운데
낙동강 물결 위에 오리떼들 한가롭다

33. 再遊箱根溫泉

　　　甲戌春余在日本受手術前一日遊箱根溫泉鄕今秋再訪 有感

春去秋來一瞬間
名泉再訪入佳山
清流瀧瀧千尋下
紅葉懸崖萬象閑

甲戌(갑술) : 1994년.
瀧瀧(괵괵) : 물이 쾰쾰 흐르는 모습.
千尋(천심) : "심(尋)"은 사람 한 발 정도의 길이이다.

하코네 온천에 다시 노닐다

갑술년 봄 나는 일본에서 수술을 받았는데, 그 하루 앞서 하코네 온천향을 노닐었다. 올해 가을에 다시 그곳을 방문하게 되어 감회가 새로웠다.

봄 가고 가을 옴이 한 순간인데
유명 온천 다시 찾아 산에 들렀네
맑은 물은 천길 아래 콸콸 흐르고
단풍잎 걸린 벼랑 고즈넉한 만상(萬象)일세

34. 自遣

儒生未必有商才
多病青雲志亦摧
褓負營營年已晚
何時歸去友蘭梅

褓負(보부) : 보따리를 짊어지다. 상업에 종사하는 것을 말한다.

스스로를 달래며

선비에 거간 일이 어이 맞을까
병도 잦아 청춘의 꿈 많이도 접었어라
봇짐 진 듯 바삐 살다 속절없이 먹은 나이
어느 제 귀거래로 매화난초 짝이 될까

35. 頌碧史先生古稀

萬卷書藏五尺身
百花齊頌七旬春
平生志在明明德
翁是斯文第一人

明明德(명명덕):『대학』에 "큰 학문의 도는 밝은 덕을 밝히는 것에 있다(大學之道 在明明德)"라고 있다.

벽사 이우성 선생 고희를 기리며

만 권 책 갈무리한 다섯 자 몸집임에
오만 꽃 앞다투어 일흔 해 봄 읊조린다
한평생 사무치게 깨끗한 덕 밝히시니
선생만이 가할 없는 도덕 문장 으뜸일레

36. 登松山城

丙子舊正連休間 余遊日本伊豫國松山市 卽明治時代詩文兩大家正岡子規與夏目漱石緣故之地也 松山城內列植梅樹 適値紅白花半開 市中處處有詩句碑 亦見冬柏沈丁花等乍促江南詩情 有作

一.

紅白寒梅蕾半分
古城高閣掛閑雲
西天隔水鄕山遠
羈叟倘佯伴細君

丙子(병자) : 서기 1996년.
蕾(뢰) : 꽃봉오리.
半分(반분) : 절반.
羈叟(기수) : 늙은 나그네. 여기서는 필자를 가리킨다.
倘佯(당양) : 한가롭게 거니는 모습.
細君(세군) : 원래는 처나 첩을 의미하는데, 여기서는 필자의 부인을 가리킨다.

마쓰야마 성에 올라

　　병자년 구정 연휴 때 나는 일본 이요노쿠니 마쓰야마시에 노닐었다. 이곳은 메이지 시대의 양대 시문 작가인 마사오카 시키와 나스메 소세키의 연고지이다. 마쓰야마 성 안에는 매화나무가 줄지어 심어져 있는데 마침 붉은 꽃과 흰 꽃이 반쯤 피었다. 시내 곳곳에는 그들의 시문을 새긴 비가 있고 또한 동백꽃과 서향꽃 등을 보고는 갑자기 강남의 시정이 고개를 쳐들기에 이 시를 지었다.

1.

붉고 희며 이른 매화 반나마 피어올라
옛 성터 높은 누각 구름도 휘장 쳤다
내 고향은 서녘 하늘 물길 건너 아득한 곳
나그네로 거니는 몸 고운 사람 함께 하네

二.

松城春已回
梅蕾兩三開
故土西天遠
游人信步來

故土(고토) : 고향땅. 여기서는 한국을 가리킨다.
信步(신보) : 발길 닿는 대로 가다.

2.

마쓰야마 옛 성터에 감돌아 찾아든 봄
매화꽃 봉우리는 반만 피어 두어 짝
내 고향은 머나먼 서쪽 하늘가
나그네로 발길 따라 내가 여기 와있구려

37. 惜別

>余有一美國人親友多年在職于著名企業
>來五月他亦隱退故相約會於濟州道
>作惜別之遊

漢挐山氣正從容
黃菜黃柑一色濃
滄海渺茫君且去
何時携酒更相逢

從容(종용) : 느긋하고 한가한 모습.
渺茫(묘망) : 아득한 모습.
且(차) : 장차.

이별을 애석해하며

　내게 미국인 친구가 한 명 있는데 다년간 이름난 회사에서 일을 하다가 이번 오월에 그도 은퇴를 한다. 그래서 제주도에서 이별 여행을 하기로 약속하였다.

한라산 뫼 기운은 정녕 조용해
유채꽃 감귤밭은 짙은 노란색
이윽히 그대는 푸른 뱃길 떠나리니
어느 제 술을 들고 우리 다시 만나려나

38. 閑情 二首

丙子盛夏余遊加拿大落基山脈之班布村
此地四周巨岳高戴萬年白雪而白雲浮遊
青天水亦青而草樹暗綠天地唯有白青綠
三色勝景不可形言 題此二絕

一.

青天綠水洗心空
巨岳深林太古同
試問今吾何處在
浮游廣壯自然中

한가로운 마음 2수

　　병자년 무더위에 나는 캐나다 로키 산맥의 반포촌을 찾았다. 이곳에는 사방이 거대 암석산이고 높은 곳은 만년설을 이고 있으며 흰 눈이 휘날린다. 푸른 하늘에 물 또한 푸르고 초목은 암록색이어서 하늘과 땅에 오직 흰색, 청색, 녹색 세 가지 색 뿐이어서 그 절경을 이루 말로 표현할 길이 없었다. 이를 제목으로 하여 절구 두 수를 지었다.

1.

푸른 하늘 쪽빛 물에 마음 씻어 비워내니
큰 산악 깊은 숲은 태고처럼 저절로다
나를 두고 물어봤다 내가 지금 어디 있나
넓고 넓은 자연 속에 떠다니는 몸인 것을

二.

佛氏雖云色是空
百花閑看一無同
夏山高戴千年雪
幽壑平湖繪畫中

佛氏(불씨) : 부처.
色是空(색시공) : 색즉시공(色卽是空)의 준말. 이 말의 짝이 공즉시색(空卽是色)이며, 있는 것은 없는 것이며 없는 것은 있는 것이라는 뜻이다.

2.

석가모니 가르침이 색즉시공(色卽是空) 하였으니
온갖 꽃 살펴보면 같은 것이 하나 없다
여름인데 산정에는 천년설 쌓여있고
깊은 골 넓은 호수 그림보다 더욱 곱다

39. 留鶴寺

宜寧郡東北端有彌陀山者其中腹一小庵子卽留鶴寺也一九五十年動亂中余與一族避兵火于此山洞窟內已經半百年矣 去冬再至 不勝感懷 有作

梵音低響四圍巒
小鳥喧飛落木間
彈雨硝煙前日夢
居然寒寺在深山

梵音(범음) : 불경 읽는 소리.
巒(만) : 높은 산.
落木(낙목) : 잎이 떨어져 앙상한 나무.
彈雨(탄우) : 빗발처럼 쏟아지는 총탄.
硝煙(초연) : 화약 연기.
居然(거연) : 그대로 온통. 뚜렷한 모양.
寒寺(한사) : 쓸쓸하고 쇠락한 절.

유학사

　의령군 북동쪽에 미타산이 있고 그 중턱에 작은 암자가 있으니 바로 유학사이다. 1950년 한국전쟁 때 내가 가족과 함께 이 산 동굴 속에 피난하였는데 이미 50년이 흘렀다. 지난겨울 다시 가보았다가 그 감회를 이기지 못하고 이 시를 지었다.

찬불소리 나지막이 사방 산 울리는데
작은 새들 지저귀며 잎진 나무 사이 난다
총탄의 비 화약연기 꿈결같이 지난 날들
절집은 옛 그대로 깊은 산속 지켜있다

40. 尙友亭

尙友亭在彌陀山麓余從曾祖考偶齋公避世之居也解放前數日余在其膝下始讀啓蒙篇於此亭

少年心性愛蒼巒
讀罷叉魚澗石間
半百年光今已老
亭前銀杏立如山

蒼巒(창만) : 푸른 산.
讀罷(독파) : 책 읽기를 끝내다.
叉魚(차어) : 손으로 물고기를 잡다.
年光(년광) : 세월.

상우정

　상우정은 미타산 자락에 있는데 돌아가신 종증조부 우재공께서 은거하셨던 곳이다. 해방 전에 며칠간 이 정자에서 내가 그 분을 모시고 계몽편을 배운 바 있다.

어렸을 적 내 마음은 푸른 산을 사랑했지
글을 읽고 시내 틈에 물고기도 잡아봤다
흐른 세월 반백년에 몸은 이제 늙었어도
정자 앞 은행나무 산악처럼 서있구나

41. 讀詩

三更閑點讀詩燈
身是市人情是僧
弄月吟風文字裏
遐看未必自高層

三更(삼경) : 자정 무렵. 대개 한밤중을 뜻한다.
點(점) : 등불을 켜다.
讀詩燈(독시등) : 시를 읽기 위한 등불.
市人(시인) : 세속의 사람. 여기서는 상인이란 뜻.
遐(하) : 멀다. 가다. 길다. 어찌.
遐看未必(하간미필) : 높은 건물. 전망대 같은 곳에 올라 멀리를 바라보며 감흥이 일어나지 않더라도의 뜻.

시를 읽으며

한밤중에 등불 켜고 시편을 읽으려니
몸은 한갓 장사친데 정은 승(僧)을 닮아 있다
글자 골라 풍월에 농월(弄月)도 하고 보니
책 속에 길이 있어 고루대하(高樓大廈) 필요 없다

42. 望漢拏山

　　七月八日　余見招於全國大學校敎務處長協議會　霖雨中飛至濟州
　　道 有作

耽羅勝地隔年還
南國風情細雨寒
處處合歡花滿發
毅然鎭坐漢拏山

耽羅(탐라) : 제주도. 『동국여지승람』에 옛적 이름이 탐라국이었다고 올라 있다.
鎭坐(진좌) : 진중하게 자리 잡고 있다.
合歡花(합환화) : 자귀나무의 꽃. 6, 7월 가지 끝에 피는 연분홍 꽃.

한라산을 바라보며

7월 8일 나는 전국 대학교 교무처장 협의회의 초청을 받아 장맛비를 뚫고 제주도로 날아가서는 이 시를 지었다.

탐라라 명구승지(名區勝地) 한 해 걸러 찾아드니
남쪽나라 느껴운 정 가랑비가 식혀준다
여기저기 자귀꽃들 휘드러지게 피어있고
한라산 옛 그대로 묵직이 자리했다

43. 卜身後之地　一九九七年

　　今春以來　余於故山先塋之側懇起一畝果木花草田　以爲他日埋骨撒灰之園

一.

盤松修竹擁烟溪
楚楚寒村洛水西
墾起草花田一畝
遙看火旺暮雲低

卜(복) : 집터나 묏자리를 정하다.
先塋(선영) : 선친의 묘소.
懇(간) : 땅을 일구다.
埋骨撒灰(매골살회) : 뼈를 묻고 재를 뿌리다.
盤松(반송) : 서려 있는 소나무.
修竹(수죽) : 곧게 뻗은 대나무.
楚楚(초초) : 애달프고 처량한 모습.
寒村(한촌) : 외딴 마을.
火旺(화왕) : 화왕산. 앞에 나오는 <述懷>의 주석 '화왕' 참조.

묏자리를 정하고 1997년

올 봄부터 내가 고향 선영 옆에 한 마지기 땅을 일구어 과실수와 화초를 심었는데, 훗날 내가 묻힐 곳으로 삼으려는 것이다.

1.

웅크린 솔, 긴 대나무, 내 낀 시내 감고 돌아
낙강 서쪽 내 고향은 정갈한 마을
일구어낸 밭 한 마지기 풀꽃들 심고
바라보는 화왕산엔 낮윽한 저녁 구름

二.

秋來紅葉落山溪
吹去浮塵風自西
無礙心歸安息處
小丘何更問高低

無礙(무애) : 무장무애(無障無礙). 불교용어로 욕심을 버리면 세상살이에 장애될 것이 없
  다는 뜻.
小丘(소구) : 조그만 언덕. 무덤을 가리킨다.

2.

가을 되면 시냇가에 단풍잎 지고
서쪽에서 부는 바람 티끌 먼지 쓸어내리
편히 쉴 곳 찾는 마음 걸림돌 없으리니
무어라 작은 언덕 높낮이를 물어보랴

44. 雪景 於人和苑

遍地新粧詎豫期
家家深閉白銀扉
携來黍粒呼寒鳥
且賞庭梅雪壓枝

人和苑(인화원) : 경기도 용인시에 있는 LG의 수련원.
新粧(신장) : 새로 화장하다. 눈이 하얗게 덮인 것을 가리킨다.
詎(거) : 어찌.
白銀扉(백은비) : 은백색 사립문. 눈 덮인 대문을 묘사한 것이다.
黍粒(서립) : 기장.
寒鳥(한조) : 겨울 새. 굶주린 새.

설경 인화원에서

온 누리 새 단장이 참으로 반가워라
집집마다 은백색 문 빗장이 걸려있네
기장쌀 쥐어다가 굶주린 새 모이주니
뜰아래 매화가지 눈에 눌려 한맛이라

45. 芝軒墓碑除幕有感

故友長眠一塚存
無言斟酒向黃昏
孤碑慰得英靈否
恨別親朋顧嶺雲

斟酒(짐주) : 술을 따르다.

지헌 김호길의 묘비 제막식에 느낀 바가
있어서

옛 친구 잠든 곳에 한 자락 무덤
말없이 권하는 술 노을이 탄다
외로운 비석만이 넋을 달래나
떠나버린 친구 생각 영 위의 구름

46. 拜心山先生墓

春花風動落蕭蕭
山鳥啾啾破寂寥
先烈墓前千古恨
那天看得太平朝

心山(심산) : 김창숙(金昌淑, 1879~1962). 경상북도 성주(星州) 출신. 본관은 의성(義城), 자 문좌(文佐), 호가 심산이다. 일제 강점기의 유림 대표로 독립운동에 투신. 유림단 대표, 대한민국임시정부 부의장. 1945년 광복 이후에는 남조선대한국민대표민주의원 의원을 역임하였다. 유도회(儒道會)를 조직하고 회장 및 성균관장을 역임. 성균관대학교 초대 총장 역임.
啾啾(추추) : 벌레 우는 소리. 새의 지저귐.
那天(나천) : 어느 때에. (어느 날에)
太平朝(태평조) : 평안한 세상. 나라가 태평한 것을 말한다.

심산 김창숙 선생 묘를 참배하고

바람 불어 봄날 꽃들 하염없이 떨어지고
산새들 울고 울어 적막산천 깨쳐낸다
선열의 묘 앞에서 느껴보는 천고의 한
어느 제에 태평세상 우리 모두 누려볼까

47. 哭經洲靈前

天壽如何薄似紗
飄然永逝惜年華
芝蘭佳會期來世
吞淚靈前供白花

經洲(경주) : 류혁인(柳赫仁, 1934~1999). 안동 임동면 박실(朴谷) 출생, 자 갈구(渴求), 호 가 경주다. 서울대학교 사회학과를 졸업하고, 동아일보 정치부장과 공보처 장관을 역임했다.
天壽(천수) : 하늘이 내린 수명.
永逝(영서) : 영원히 떠나다.
年華(연화) : 세월. 나이와 같은 뜻으로 쓰인다.
芝蘭(지란) : 지초와 난초. 향기 나는 교유의 뜻으로 지란지교(芝蘭之交)라고 흔히 쓰인다.
佳會(가회) : 아름다운 만남. 난사가회(蘭社佳會), 곧 난사의 뜻.
吞淚(탄루) : 눈물을 삼키다.

경주 류혁인의 영전에 곡하며

하늘 내린 그대 목숨, 깁처럼 엷었던가
훌훌히 떠나가니 지난 세월 아쉬워라
지란(芝蘭) 같은 우리 사귐 내세에도 갖고지고
목이 타는 영전 앞에 흰 국화를 바치노라

48. 舊曆正初遊日本九州陶瓷名勝地

扶桑勝景絢於紗
暇日留連醉物華
鎔化琉璃呈百鳥
燒成土石發千花
旗亭酣飲金杯酒
禪寺閑嘗玉椀茶
陶祖墓前雲萬頃
憐公永歲未還家

    歷遊唐津 伊万里後 至有田 訪陶祖李參平之墓及其緣故地

扶桑(부상) : 동쪽의 해 뜨는 곳에 있다는 전설상의 나무. 여기서는 동쪽 나라인 일본을 가리킨다.
絢(현) : 다채롭게 빛나다.
物華(물화) : 아름다운 경물.
燒成(소성) : 굽다. 구워서 그릇을 만들어 내다.
發(발) : 꽃을 피우다.
旗亭(기정) : 깃발 꽂은 집. 대개 술집을 가리킨다.

음력 정초에 일본 큐슈 도자기의 명승지를 찾다

일본 땅 명구승지 비단결로 비치는데
겨를 얻어 묵어보니 그 풍광에 취하겠다
유리를 녹여내어 오만 새 지어내고
흙을 다져 구워내어 갖가지 꽃이 핀다
깃발 꽂은 주루에는 금빛 술잔 마련했고
수도승들 절에서도 옥사발에 차를 낸다
도예 대조(大祖) 이삼평(李參平) 묘, 만이랑의 구름인데
애달파라 그 당신은 영영 고향 귀불귀(歸不歸)를

  카라츠 이마리에서 노닐다가 아리타에 도착하여 도공의 선조인 이삼평의 묘와 그 연고지를 찾아보았다.

陶祖(도조) : 임진왜란 때 일본으로 잡혀 간 도공 이삼평(李參平). 공주 금강에 살았으나 1596년 사가번의 번주(藩主) 나베시마 나오시게(鍋島直茂)에 의해 예닐곱 명의 조선 도공과 함께 포로로 피랍되었다. 근처의 이즈미야마(泉山)에서 고령토를 발견하자, 155가구의 도공들을 이끌며 시라카와텐구(白川天狗) 계곡 부근에 이주하였다. 거기서 도자기를 빚어내어 일본에서 처음으로 순백의 그릇을 만드는 데 성공하였다. 이곳에서 만든 도자기는 이마리 항구를 통해 일본 전역과 유럽으로 퍼져나가 세계 도자사를 새로 쓰게 만들었다.

49. 花市

花市偸閒近午天
山棠之後海棠前
一枝買得添詩趣
夢到鄕村石路邊

午天(오천) : 정오.
山棠, 海棠(산당, 해당) : 동백꽃과 해당화.

꽃시장

한가하여 찾은 꽃집, 시간은 바로 정오(正午)
산당화 뒤에 있고 해당화 앞에 있다
한 가지 얻어내어 풍류가락 보탰더니
꿈결에 찾은 고향 돌길 섶에 이르데나

50. 晚松亭漫吟

昭明山下竹林傍
卜我衣冠永劫藏
地僻寡聞文脈絶
江淸不盡水流長
黃田雖薄梅桃艶
碧樹猶繁澗谷凉
箕坐漫聽春鳥囀
松亭將晚感無量

晚松亭(만송정) : 고조부이신 희각공께서 지으신 정자.
昭明山(소명산) : 필자의 고향인 경남 의령군 내제리 뒷산.
衣冠永劫藏(의관영겁장) : 묘터를 잡은 것을 가리킨다.
黃田(황전) : 황무지 밭.
箕坐(키좌) : 키 모양으로 다리를 쭉 뻗고 앉다. 편안하게 앉은 모습이다.
囀(전) : 새가 지저귀다.

만송정에서 느긋한 마음으로 읊다

소명산 자락 아래 대나무 숲 그 옆자리
내 의관을 영원토록 갈무리할 곳 거기라네
후미진 땅 견문 적어 문장 맥락 끊겼으나
푸른 강물 쉬임없이 감돌아 흐르는 곳
모래밭들 척박해도 매화도화 아름답고
푸른 나무 무성하여 시내 골짝 서늘하다
다리 뻗어 봄날의 새 지저귐을 듣노라면
해거름녘 만송정(晩松亭)은 느껴움도 하도 할사

51. 歐洲漫遊

余伴家人遊歐洲半朔志感一絶

瑣事千端解脫時
西遊逈遠路遲遲
翁先婆後留連處
如此風情曾未知

家人(가인) : 집안 사람. 친척. 하인. 여기서는 필자의 부인.
瑣事(쇄사) : 자질구레한 일.
逈遠(형원) : 멀다.
遲遲(지지) : 느릿느릿한 모습.
翁先婆後(옹선파후) : 할아범이 앞에 있고(서고) 할멈이 뒤에 있다(서다). 필자 부부가 여행하는 모습이다.
留連(유련) : 오랫동안 머무르다.

유럽 여행

내가 집사람과 함께 보름 동안 여행한 바 그 느낌을 절구로 적다.

온갖 일 잔삭다리 아낌없이 털어내고
서쪽 향해 떠나온 길 느긋하고 흐뭇하다
앞에 서고 뒤따르는 나와 아낸데
이런 경치, 저런 풍광 꿈결만 같다

52. 土耳其故宮

霸業當年擅樂歡
寶藏珍異燦然看
再興英傑今難望
殿宇寥寥夕日寒

土耳其(토이기) : 터키.
霸業(패업) : 패권을 장악하다. 제왕이 천하를 통일하는 것.
擅(천) : 멋대로 하다. 마음대로 하다.
寶藏(보장) : 보물들을 소중하게 간직함. 진귀한 보물.
珍異(진이) : 진귀하고 기이하다.
殿宇(전우) : 궁궐.
寥寥(요료) : 쓸쓸한 모습.

터키 고궁

제왕 위세 떨친 당년 거침없이 누린 환락
갈무리한 무상 보물 엄청나다, 눈부시다.
영웅호걸 한 번 가고 다시 보기 어려운데
쓸쓸하다 궁성 집들 석양조차 설핏하다

53. 希臘神殿

三千年史總哀歡
處處遺墟歷歷看
神託無聲風一陣
徘徊石柱客心寒

希臘(희랍) : 그리스
遺墟(유허) : 남겨진 폐허.
歷歷(역력) : 또렷이 보이는 모습.
神託(신탁) : 희랍의 신전에서 간곡히 기도하면 듣게 된다는 신의 소리.

그리스 신전

즈믄 해 세 번 겹쳐 역사는 구성지다
여기저기 끼친 유적 역력하게 남아있다
신탁 소리 간뭇없고 한 가닥 바람소리
돌기둥 안고 도는 나그네 맘 허랑하다

54. 蘭社卄年　二千三年

七十身纔任自由
每逢同好向詩樓
情隨勝景吟難寫
意在佳篇覓不休
世路多違終少得
胸中無礙復何求
而今如問餘生計
洛水宜山應我候

纔(재) : 겨우. 한 번 물들인 명주. 방금. 매우. 才로 바꾸어 쓰기도 한다.
覓(멱) : 찾다. 곁눈질. 멱자(覓疵)는 남의 흠터를 찾는 것으로 굳이 남의 결점을 찾아내
　　려고 함을 가리킨다.
宜山(의산) : 경상도 의녕(宜寧)의 구호 가운데 하나. 장함(獐舍), 의춘(宜春) 등.
應我候(응아후) : 아마도 나를 기다리고 있으리라.

난사 20년 2003년

내 나이 일흔 살에 이제 겨우 벗은 굴레
제 때 되면 어김없이 작시(作詩)자리 찾았거니
명구승경(名區勝景) 느껴해도 그려내기 어려웠고
멋진 작품 짓자 해서 안간힘도 많이 했다
세상살이 실타래라 이룬 일 가물어도
마음은 무장무애(無障無礙) 바라는 것 바이없네
이제부터 어찌 살까 나에게 물노라면
기다리는 낙동강 가 내 거기서 살어리랏다

55. 漢陽城

洌水長流一野平
星移物換漢陽城
許多人傑今何在
索寞宮庭野草生

洌水(열수) : 한강의 다른 이름.
星移(성이) : 별자리가 옮겨가다. 세월이 많이 흘러 변화가 심한 것을 말한다.
物換(물환) : 만물이 변하다.

한양성

한강물 흘러흘러 들판 하나 널찍하고
세월이 덧없어도 의연하다 서울, 한양
그 많던 명인 걸사(傑士) 지금 어디 있단 말인가
쓸쓸한 궁궐 뜰에 잡초만 욱어 있다

56. 論介祠

矗石樓高碧水平
蕭條祠宇頫江城
風吹疎竹香煙起
義妓無言萬感生

論介祠(논개사) : 논개 사당. 진주 남강가 촉석루 아래에 있으며 의기사(義妓祠)라고 한다.
蕭條(소조) : 쓸쓸한 모양.
祠宇(사우) : 사당.
頫(부) : 아래로 굽어보다.

논개 사당

솟아 높은 촉석루데 푸른 물결 넘실대고
단청 낡은 사당 하나 강 언덕을 굽어본다
바람 속 성긴 대(竹)숲 향불 연기 피어나도
의기(義妓) 논개 말이 없다 오만 생각 일렁인다

57. 讀陶詩志感

披卷居然神自寬
不關車馬似狂瀾
屢空高節千人鑑
獨酌清吟百世冠
採菊當知新酒熟
荷鋤豈覺晚風寒
吾生齷齪終何處
逸樂元來在素餐

陶詩(도시) : 도연명(陶淵明)의 시.
志感(지감) : 느낀 바를 적다. "지(志)"는 "지(誌)"와 통한다.
披卷(피권) : 책을 펼침. 책을 읽음.
居然(거연) : 그대로. 온통. 편안한 모습.
屢空(누공) : 자주 비다. 공자의 제자인 안회(顔回)가 가난하여 쌀독이 자주 비었지만(屢空) 안빈낙도(安貧樂道) 하였다.

도연명의 시를 읽고 느낌을 쓰다

한가하여 책 펼치니 마음이 탁 트이고
시끄러운 수레 소리 아랑곳 할 것 없다
가난에도 높은 지조 즈믄 사람 거울이요
홀로 든 잔, 맑은 가락 백년 세월 으뜸이라
국화 딸 제 어김없이 술 익는 줄 헤아렸고
호미 메고 돌아갈 제 밤바람 찬줄 몰라
아등바등 사는 우리 종당에는 무엇일까
살어리 우리네 살림 나물밥 먹고 그렇게 살어리

荷鋤(하서) : 호미를 메다. 도연명의 「전원으로 돌아와서 머물며(歸園田居)」 5수 중 제3
　　수에 "새벽에 일어나 거친 잡초를 매고, 달빛 받으며 호미를 메고 돌아오네.(晨興
　　理荒穢 帶月荷鋤歸)"라고 하였다.
齷齪(악착) : 촉박한 모양. 아등바등 노력하는 보습.
素餐(소찬) : 소박한 음식.

58. 鄕第暇日

遙瞻火旺白雲空
洛水繞村衣帶同
愛賞野花松嶝外
喜聞山鳥竹林中
閒餘置酒呼隣叟
興至吟詩擬古風
淨得吾心無礙否
東風颯颯月昇東

鄕第(향제) : 고향집.
松嶝(송등) : 소나무가 우거진 고개.
隣叟(인수) : 이웃집 노인.
擬古風(의고풍) : '고풍'은 중국 고대 시풍의 하나로서 작자의 진솔한 감정을 소박한 형식으로 노래한 시를 말한다. 여기서는 그러한 풍취를 흉내 내어 지은 시.

고향집에서 휴가를 보내며

화왕산 바라보니 흰구름 한 점 없다
내 고장 감고 도는 낙동강은 옷 띠 같고
솔고개 넘어 핀 들꽃 그 모습 어여쁘고
숲속에 사는 새들 우는 소리 즐거웁다
한가한 제 술을 걸러 이웃 노인 불러내고
흥이 일면 시를 읊어 옛날 가락 흉내내리
맑아진 나의 마음 무장무애 아니런가
봄바람 살랑대고 동녘에는 달이 뜬다

59. 西安懷古

秦陵漢墓二千年
死去何人作上仙
折柳渭城荒草野
題詩雁塔白雲天
宮臺已絶歌千曲
碑宇尙留書萬篇
摩詰舊居何處是
終南山色故蒼然

秦陵漢墓(진릉한묘) : 진나라의 황릉과 한나라의 무덤.
折柳(절류) : 버들가지를 꺾다. 중국 사람들은 이별할 때 정표로 버들가지를 꺾어주었다.
渭城(위성) : 진나라 수도인 함양(咸陽). 지금은 서안시에 편입되어 있다. 당나라 왕유(王維)의 「안서로 가는 원씨를 보내며(送元二使安西)」에 "위성의 아침 비 가벼운 먼지 적시고/객사 앞에 새 버들 빛 푸르디 푸르다(渭城朝雨邑輕塵 客舍靑靑柳色新)"라고 있다.
雁塔(안탑) : 서안시에 있는 대안탑(大雁塔). 당나라 현장법사가 인도로 가서 불경을 가지고 돌아와 이 탑을 세웠다. 대안탑 옆에 곡강지(曲江池)가 있는데 당시 과거에 급제한 사람들이 이곳에 노닐면서 시를 지었다.
摩詰(마힐) : 당나라 시인인 왕유(王維, 699~759). 그는 불교를 극진히 숭상하여 자를 마힐이라고 하였으며 시불이라 불린다.
終南山(종남산) : 서안시 남쪽에 있는 산. 왕유는 안록산의 난이 일어났을 때 종남산에 망천장(輞川莊)을 짓고 은거하였다.

서안에서 옛일을 회상하며

진나라며 한(漢)의 무덤 이천년을 묵었어도
저승 간 그 누구가 신선이 되었는가
버들가지 꺾던 위성(渭城) 잡초 욱은 들판인데
시를 짓던 대안탑 위 흰구름 가는 하늘
왕궁 누대 울린 노래 천곡(千曲), 그 가락은 끊겼으나
비각 있어 만장서(萬章書)는 상기도 남았구나
왕유(王維) 마힐 살던 거처 지금 어디에 있는 것가
종남산 그리매는 옛 그대로 짙푸른데

60. 桂林漓江

夢涉漓江又幾年
叩舷今日作神仙
水牛群臥烟霞裡
點綴巖巒百里天

陳毅有云 '願作桂林人不願作神仙'

桂林(계림) : 중국 광서 장족자치구에 있는 도시이름. 풍광이 수려하기로 이름이 있다.
漓江(이강) : 계림시를 관통하며 흐르는 강.
叩舷(고현) : 뱃머리를 두드리다. 배를 타다.
烟霞(연하) : 안개와 노을. 흔히 노을을 가리킨다.
點綴(점철) : 점으로 연결되다. 계림의 산은 이어져 있지 않고 점점이 떨어져 있으며 산 모습이 삼각형 모양이다.
巖巒(암만) : 바위산.
陳毅(진의, 1901~1972) : 중국의 군인, 외교가 및 시인. 계급은 원수까지 올랐다. 1963년 국무원 부총리로 있을 때 캄보디아의 시라하코 국왕을 모시고 계림을 방문하여 이 시를 남겼다.

계림 이강

꿈결 속 걷는 이강 몇 해 만인가
뱃머리 치는 오늘 바로 내가 신선이네
물소들 때가 되어 노을 베고 누운 곳
바위산 여기저기 백리를 뻗은 하늘

  진의(陳毅)가 "계림의 사람이 되고 싶지만 신선이 되고 싶지는 않네"라고 하였다.

61. 淸太祖陵

松柏蕭森烏鵲飛
方城寥寂落暉微
可憐陵塚堆秋葉
誰禁英雄塵土歸

淸太祖陵(청태조릉) : 청나라 태조 누르하치의 무덤인 복릉(福陵). 중국 요녕성 심양시(瀋陽市)에 있다.
松柏(송백) : 소나무와 측백나무. 왕릉에 많이 심어져 있다.
蕭森(소삼) : 초목이 우거진 모습.
方城(방성) : 복릉을 둘러싸고 있는 성의 이름.
寥寂(요적) : 쓸쓸하고 적막한 모습.
落暉(낙휘) : 지는 해. 석양.
陵塚(능총) : 흔히 왕릉들을 가리킨다. 무덤.
堆(퇴) : 쌓이다.
英雄(영웅) : 여기서는 청 태조를 가리킨다.
塵土歸(진토귀) : 먼지와 흙 속으로 돌아가다. 죽다.

청태조의 능

솔과 측백 욱은 숲속 참새 까치 날아들고
고요에 싸인 방성(方城) 저녁해 기웃하다
애달파라 황제 무덤 낙엽에 묻혔으니
누구 있어 장부 영웅 흙이 됨을 막아내랴

62. 眞臘古寺

　　辛巳舊正初.余與諸友.往訪 '柬埔寨國'之安高勒瓦特寺院遺址.此地古稱 '眞臘國'.數百年間.寺址埋沒在密林中.至十九世紀末 始聞於世間.人言七大不可思議信哉

密林陰綠路緇黃
塔寺遺墟堵列長
四面觀音臨苦海
千年彫像曝炎陽
北來閑客行行汗
南産奇花處處香
天曠湖平連一色
優遊縱覽忘家鄉

緇黃(치황) : 검누른 색.
遺墟(유허) : 유적.
堵(도) : 담장.
列長(열장) : 길게 늘어서있다.
觀音(관음) : 불교의 관음보살. 속세의 대중을 구제해주는 보살이다.
彫像(조상) : 조각상.
炎陽(염양) : 뜨거운 해.

진납국의 오래된 사원

신사년(2001년) 구정 초에 나는 여러 벗과 함께 캄보디아의 앙코르 와트 사원의 유적을 탐방했다. 이곳은 옛날에 진납국이라 불렸다. 수백 년간 유적이 밀림에 숨겨져 있었는데 19세기 말 비로소 세상에 알려졌다. 사람들은 칠대불가사의 중의 하나라고 하는데 그럴 만 하였다.

밀림은 짙은 녹음, 길은 검누렁 빛
돌탑에 불당 유허 차례로 줄서있네
네 벽의 관음들은 인간 고해 굽어보고
즈믄해 거친 석상 찌는 햇살 아래 있다
나그네 북에서와 길목마다 땀에 젖고
남쪽나라 기화요초 어디서나 향내 난다
트인 하늘 넓은 호수 연이어 한빛인데
이것저것 살피는 몸 고향길을 잊을듯다

北來閑客(북래한객) : 북쪽에서 온 한가로운 나그네. 한국이 캄보디아의 북쪽에 있으므로, 여기서는 필자를 가리킨다.
優遊(우유) : 한가롭게 노닐다.
縱覽(종람) : 내키는 대로 구경하다.

63. 經營談論集出刊志感

余年至古稀 仍編經營談論集四冊 以供親知之笑覽. 盖余四十多年 形役之殘跡也

生在嶺南寒士門
童年志學別山村
七旬奔走身行老
十載呻吟神欲昏
收拾瑣文聊自慰
追尋泥迹復何論
從今似有長閑樂
時打白球遊草原

白樂天詩文中有'中閑' '長閑'之語.

志感(지감) : 느낀 바를 적다.
笑覽(소람) : 웃으면서 보다. 자신의 저작이 우스갯소리 감으로 될 정도라는 뜻으로 겸손하게 표현한 것이다.
呻吟(신음) : 아파서 내는 소리. 투병생활을 뜻함.
瑣文(쇄문) : 자질구레한 문장.
追尋(추심) : 거슬러 올라가 찾아보다.

경영담론집을 출간하며 감회를 적다

내 나이가 일흔이 되어 경영담론집 4권을 펴내 친지들에게 웃음거리를 제공하게 되었다. 대개 내 사십 여년 행적을 적은 것이다.

태어난 곳 영남 땅에 가난한 선비 집안
어렸을 적 책꿰 메고 산골마을 떠났거니
아등바등 칠십년에 이제 몸은 늙어 있고
병수 거친 10년 사이 정신줄 희미하다
성긴 글들 한데모아 나 스스로 달래려니
흙탕 자취 되짚는 일 다시 일러 무엇하랴
이로부터 생긴 겨를 느긋이 즐겨보고
때로 푸른 풀밭에 나가 흰공이나 쳐 볼거나

  백거이의 시문 중에 "한가함에 빠지다", "오래도록 한가하다"는 표현이 있다.

泥迹(니적) : 진흙탕 속의 자취.
打白球(타백구) : 흰 공을 치다. 여기서는 골프 치는 것을 말한다.
草原(초원) : 풀밭. 여기서는 골프장을 뜻한다.

64. 七旬志感　　二千一年

歸去來兮栖碧山
須聽林鳥囀間關
平生羈役惟疎髮
半夜酣觴乃醉顏
雖吐忠言無客問
漫編瑣語有誰看
翁婆對坐情談罷
淋雨霏霏一燭寒

間關(한관) : 새가 이리저리 날아다니며 지저귀는 모습.
羈役(기역) : 말고삐와 행역. 몸이 얽매여 일하는 것을 말한다.
疎髮(소발) : 성긴 머리칼.
酣觴(감상) : 술을 마시다.
瑣語(쇄어) : 자질구레한 말.
翁婆(옹파) : 남자 노인과 여자 노인.
淋雨(임우) : 연일 계속해서 내리는 비.
霏霏(비비) : 비가 주룩주룩 내리는 모습.

일흔이 되어 뜻을 적다 2001년

돌아가리 내 돌아가리 푸른 산속 거기로 가리
숲속에 사는 새들 지저귀는 소리 들어야지
굴레 쓰고 바삐 뛴 나날 머리카락 성기어지고
한밤중 마셔본 술에 얼굴빛 흐려졌음에
내 비록 충직(忠直)한 말해도 귀기울이는 이 없는데
헛브게 속마음 엮어 그 누가 읽어줄 것가
늙은 아내와 나 마주하여 정겨운 말 주고받으면
시름없이 내리는 비 외오타는 촛불이 하나

65. 耽羅秋遊

漢拏山逈樹林疎
澗壑淸幽仙鹿居
百日紅衰黃橘熟
天高蟬咽興悠如

耽羅(탐라) : 제주도의 옛 이름.
逈(형) : 멀다.
樹林疎(수목소) : 수풀이 성글어지다. 가을이 되어 낙엽이 진 것을 말한다.
澗壑(간학) : 개울과 골짜기.
淸幽(청유) : 맑고 그윽하다.
仙鹿(신록) : 신선이 타고 다니는 사슴.
蟬咽(선열) : 매미가 울다.

가을에 제주도를 노닐며

한라산 으슥하여 나무 숲들 듬성해도
시내 골짝 맑고 깊어 선록(仙鹿)이 터 잡았다
백일홍은 져버려도 누렁 귤 제철인제
하늘 높고 매미 울어 가슴이 출렁댄다

66. 山寺初秋

日益龍鍾與世疎
斗然晨發謝塵居
生來已覺飛蓬似
老去那堪幻夢如
窮谷石田禾熟際
懸崖楓樹葉紅初
遠尋秋寺無情處
坐看童僧打木魚

龍鍾(용종) : 노쇠한 모습.
斗然(두연) : 문득. 갑자기. 우뚝 솟은 모양.
晨發(신발) : 새벽에 출발하다.
塵居(진거) : 먼지 있는 곳의 거처. 세속의 집. 여기서는 필자의 집.
飛蓬(비봉) : 하늘을 나는 쑥부쟁이. 나그네로 정처 없이 떠돌아다니는 삶을 뜻함.
那堪(나감) : 어찌 감당하랴?
窮谷(궁곡) : 궁벽한 골짜기

산사의 초가을

세월따라 늙어가니 이웃과도 소원해져
신새벽에 갑작스레 보금자리 떠나봤다
이승살이 쑥대인양 떠도는 줄 이미 아나
늘그막 삶 꿈결 되니 감당키 어려워라
심산궁곡 돌 자갈 논 벼이삭 익어있고
깎아지른 벼랑 끝에 단풍잎 갓 붉었다
멀리 찾은 가을 절집 하염없는 나그네 맘
물끄러미 바라봤다 목어(木魚)치는 동승(童僧) 모습

石田(석전) : 돌밭. 황무지.
懸崖(현애) : 깎아지른 절벽.
木魚(목어) : 절에서 중생들을 경계하기 위해 치는 나무로 만든 물고기. 물고기는 밤에도 눈을 감지 않기 때문에 밤낮으로 자신을 돌아보며 경계하라는 뜻으로 목어를 친다.
坐看(좌간) : "물끄러미" "잠시" 본다의 뜻.

67. 十月墓祭

野菊經霜氣益淸
乍氷山路祭官驚
降神香入朝霞散
讀祝聲隨喜鵲鳴
飮福遠追先祖意
巡盃深慮後孫情
歸來鄕第修宗事
早發明天又漢城

墓祭(묘제) : 묘 앞에서 지내는 제사. 주로 경상도 지방에서 음력 10월 정한 날짜에 올리며 시조(始祖)부터 차례로 지낸다.
經霜(경상) : 서리를 맞다.
氣益淸(기익청) : 향기가 더욱 맑다.
降神(강신) : 신령이 내려오다. 제사를 지내 선조의 영령을 모시는 것을 말한다.
飮福(음복) : 제사가 끝난 후 제사 음식을 먹으면서 복을 기원하는 것.

시월 묘제

서릿발 속 들국화 향기 더욱 맑은데
불시에 빙판 된 길 제관들이 놀라한다
신령 모셔 피우는 향 노을 속에 흩어지고
독축소리 뒤따르는 까치소리 반가웁다
음복하며 옛 조상들 끼치신 뜻 헤어보고
술잔 돌려 후손의 정, 서로 깊이 새겨낸다
고향 찾아 모여들어 문중일 닦고 나면
내일은 이른 아침 서울 향해 떠나야지

巡盃(순배) : 술잔을 돌리다.
鄕第(향제) : 고향집.
修(수) : 닦다. 일을 수행하다.
宗事(종사) : 문중의 일. 종가에 모여서 하는 종중의 1년 결산총회를 말한다.
早發(조발) : 아침에 떠나다.
明天(명천) : 밝은 하늘. 소소명천(昭昭明天)과 모든 것을 밝히는 아는 것. 곧 하느님을 가리킨다. 내일.

68. 冲繩紀行

由平和祈念公園至首里城

帝國終歸一敗棋
棄民悽慘正堪悲
硝煙彈雨滂沱裡
少女童兒殞碎時
遙望白鷗靈塔坐
側看朱槿路車馳
琉球今復尋何處
首里城頭多所思

　　　壬午新曆正月　余與友人一行　遊日本冲繩島南端平和祈念公園者.
卽太平洋戰爭最末期　日本領土內唯一美日間激戰之址也　千百名琉
球少年少女悽慘殞命. 而今見處處慰靈塔祈念碑等　使人多思多感.

冲繩(충승) : 일본 오키나와.
悽慘(처참) : 처참한 모습.
滂沱(방타) : 비가 퍼붓듯이 내리는 모습.
殞碎(운쇄) : 죽어 부서지다. 여기서는 전쟁에 의해 희생된 것을 말한다.
朱槿(주근) : 붉은 무궁화.
琉球(류구) : 류쿠. 옛날 오키나와 지방을 널리 일컫는 말.

오키나와 기행

평화기념공원에서 슈리성까지

제국이라 뽐낸 일본 종당에는 깨어지니
그 백성들 버림받아 진흙창에 쳐박혔다
화약 연기 총탄의 비 소나기로 내린 자리
어린 소녀 갓난쟁이 넘어지고 찢어졌다
바라본 바 흰 갈매기 위령탑 말이 없고
달리는 차 도로가엔 붉은 빛 무궁화꽃
류큐왕국 이 곳 두고 어느 곳을 더 찾을까
수리성 머리에서 생각도 하도할사

　임오년(2002년) 양력 1월에 나는 친구들과 함께 일본 오키나와 섬의 평화기념공원을 노닐었다. 태평양 전쟁 말기에 일본 영토 내에 유일한 미일 격전지였는데, 수천 명의 류큐 소년소녀들이 참담하게 목숨을 빼앗겼다. 그래서 지금 곳곳에는 위령탑과 기념비 등이 있어 사람들로 하여금 상념에 잠기게 한다.

69. 與玄洲丈圍棋因懷芝軒

一席連輸三局棋
悽然懷舊使人悲
芝軒曾嘆玄翁獪
顧我非才憶昔時

　　　昔者 芝軒每敗棋於玄洲翁時 輒曰玄洲丈之棋誠老字獪字也　至
今懷想甚切 故戲吟如此

玄洲(현주) : 김동한 선생.
圍棋(위기) : 바둑을 두는 것.
芝軒(지헌) : 김호길 박사.
連輸(연수) : 연속으로 패배하다.
使人悲(사인비) : 사람으로 하여금 슬프게 하다. 여기서 "인"은 필자 자신을 가리킨다.
玄翁(현옹) : 현주 김동한 선생. "옹"은 연세가 많음을 나타낸다.
獪(회) : 교활하다. 간사하다. (어른을 두고 하는 말이라 바로 노회하시다고
하지 않고 농담으로 老(노)자 獪(회자)라 한 것이다.)

현주 김동한 어르신과 함께 바둑을 두다가 지헌 생각이 나서

한자리 바둑판에 거퍼 세 번 지고 나니
슬프다 지난 일들 내 가슴에 비 내린다
지헌(芝軒)이 현주(玄洲) 두고 노회라고 일렀거니
나도 오늘 지고 나자 옛 일을 떠올린다.

> 예전에 지헌이 현주 어른께 매번 바둑을 지고는 항상 "현주 어른의 바둑은 진실로 노련(老字)하고 교활(獪字)하시다."고 하였다. 지금 이를 생각해보니 정말 딱 맞는 말이어서 우스갯소리 삼아 읊어본다.

70. 訪蘆山精舍

　余與門中諸子弟 訪吾宗韓末碩儒華西李恒老先生遺址 蘆山精舍 其藏修處也 位于楊平山中 而前有蘗溪淸流 後有靑華山連峰.

蘆山精舍滿儒香
蘗水潺潺洞壑凉
開港斥邪論底事
百年流幻感懷長

蘆山精舍(노산정사) : 조선 후기의 유학자인 이항로(1792~1868)가 후배를 양성한 곳. 그가 태어난 양평에 있다.
蘗水(벽수) : 노산정사 앞을 지나는 계곡. 이항로 선생이 주자의 무이구곡(武夷九曲)을 본떠 벽수구곡이라고 이름하였다.
潺潺(잔잔) : 물이 졸졸 흐르는 모습.
洞壑(동학) : 골짜기.
開港(개항) : 한말 서양 세력이 조선의 문호를 개방할 것을 요구한 것. 또는 그 주장에 동조하는 주장.
斥邪(척사) : 19세기 말 서구의 충격이 있자 주자학적 이념을 신봉한 나머지 일부 유학자들이 서구가 이단이라고 믿고 우리가 유학적 대의명분을 지켜야 한다고 생각하여 위정척사(衛正斥邪)론을 폈다. 외세의 개항에 반대하는 주장. 이항로는 위정척사파의 주창자였다.
底事(지사) : 무슨 일.
流幻(유환) : 세상의 변화.

노산정사를 방문하여

    내가 문중의 여러 자제와 함께 우리 문중 어른이신 한말의 뛰어난 유학자 화서 이항로 선생의 유적지를 방문했는데, 노산정사는 그가 은거하며 수양했던 곳으로 양평산 속에 있으며, 앞에는 벽계의 맑은 물이 있고 뒤에는 청화산 봉우리가 이어져 있다.

화서(華西)선생 노산정사 선비향기 가득하니
벽계수(碧溪水) 잔잔하여 산골마을 서늘하다
개항과 위정척사(衛正斥邪) 무엇을 논했던가
무상변화 백년사(百年史)에 감회는 깊고 길다

71. 火旺山

六紀遙瞻火旺山
尙今未得一躋攀
悠悠寒暑風霜外
兀兀陰晴雲霧間
澗水細流苔色滑
夕陽斜照荻花斑
雄姿寬厚長春色
丘壑幽深百鳥還

六紀(육기) : 72년, 기(紀)는 12년.
躋攀(제반) : 더위잡고 기어오름.
제(躋) : 오르다.
반(攀) : 더위잡다. 달리다. 의지하다.
兀兀(올올) : 우뚝함. 올(兀)- 우뚝하다. 움직이지 않음.

화왕산

일흔 해에 들 보태어 화왕산 바랐으나
이대도록 단 한 번도 올라본 적 없었다네
추위 더위 모르는 채 바람서리 무릅쓰고
맑고 흐림 상관없이 구름 속에 우뚝하다
개울물 가늘어도 이끼 적셔 미끄럽고
석양이 조히 비쳐 억새꽃 제 빛낸다
우람하고 너그러워 사시사철 봄빛이니
높은 언덕 깊은 골짝 오만 새가 찾아든다

72. 新春遣懷

自少音癡不學琴
看詩領解未嘗深
愚蒙汩沒齊家事
頑鈍溫存進道心
既使疲鱗歸沼澤
將看倦羽返山林
歲新猶覺神些定
頭上那堪白雪侵

遣懷(견회) : 시름을 풀다.
회(懷) : 마음속의 회포. 시름. 걱정.
領解(영해) : 깨치는 것.
齊家(제가) : 집안을 다스림.
頑鈍(완둔) : 완고하고 둔함.
些(사) : 적다. 어조사. 특히 어세를 강조할 때 쓴다.
疲鱗(피린) : 지친 비늘 즉 살기 지친 고기의 뜻.
倦羽(권우) : 힘겨운 나래 즉 돌아다니기에 지친 새의 뜻.

새해에 마음을 풀어 스스로를 달래다

어려부터 음치라서 가락 장단 생소하고
시를 읽되 그 수준이 듬직한 것 못 된다네
밝지 못한 머리임에 집안일에 골몰하며
몸 생김새 허성하나 참 길 걷기 바라왔다
지친 고기 큰 못으로 놓아주기 마련이요
나는 새 힘겨우면 뫼 숲으로 돌아가리
새라 새해 내 정신이 아야로시 차려지나
머리 위 흰 서리는 감내하기 어려워라

73. 高校同窓諸位會于美國羅城　　二首

一.

羅城初訪卅年前
往事追懷摠杳然
晚發仁川飛萬里
機窓載夢入雲烟

羅城(나성): 미국 로스앤젤레스.
卅年(삽년): 30년.
往事(왕사): 지난 일.
追懷(추회): 거슬러 생각하다.
摠(총): 모두. 통틀어.
杳然(묘연): 아득하고 희미한 모습.
晚發(만발): 저녁에 떠나다.
機窓(기창): 비행기 창문. 여기서는 인천에서 미국으로 가는 비행기를 가리킨다.

고등학교 동창들이 미국 로스앤젤레스에 모여서 2수

1.

미주 나성(羅城) 30년 전 처음 찾은 곳
지난 일 되짚으나 모두 아득타
저녁에 떠난 인천 만리길 날아
비행기에 실은 꿈 구름 속 든다

二.

相離五十二年前
難記姓名何怪然
耆老同門殊域會
滿堂情話自風烟

何怪然(하괴연) : 어찌 이상하랴? 전혀 이상하지 않다는 뜻이다.
耆老(기로) : 늙은이.
殊域(수역) : 다른 지역. 여기서는 한국이 아닌 미국의 로스앤젤레스를 가리킨다.
風烟(풍연) : 바람과 안개. 여기서는 세상살이의 비유.

2.

헤어진 지 몇 해인가 쉰 하고 더한 두 해
이름조차 잊은 것도 괴이치 않네
칠순을 넘긴 우리 이역(異域)의 상봉
주고받아 정겨운 말 안개로 핀다

74. 醉中吟

浮生七十醉中過
身瘵神昏可奈何
不患殘年歡樂少
猶憖積歲悔尤多
頻隨好友尋詩境
常伴愚妻渡世波
時事亂麻那忍見
揮盃慷慨且狂歌

浮生(부생) : 뜬 구름 같은 인생.
身瘵(신체) : 몸이 병들다.
神昏(신혼) : 정신이 혼미하다.
可奈何(가내하) : 진정 어찌하겠는가? 어찌할 도리가 없다는 뜻.
殘年(잔년) : 남은 인생.
積歲(적세) : 여러 해.
悔尤(회우) : 한스러움.
尋詩境(심시경) : 시의 세계를 찾아가다. 시를 읽거나 짓다.

취중에 읊다

헛브다 일흔 해가 꿈결인양 지났구나
병든 몸에 흐린 정신 어이할거나
남은 인생 적은 환락 걱정일 것 없으나
쌓인 세월 허물 많아 가슴 쓰리다
좋은 친구 자주 만나 시의 경지 얻어내고
집사람과 함께하여 세상풍파 헤쳐야지
어지러운 세태풍속 차마 어이 보리만은
술 마시며 소리치고 미친 듯 노래하리

渡世波(도세파) : 세상의 파도를 넘어가다.
亂麻(난마) : 헝클어진 삼 같이 어지러운 모습. 얽히고설켜서 매우 어지러운 것의 비유.
那忍見(나인견) : 어찌 차마 볼 수 있을까? 차마 볼 수 없다는 뜻.
揮盃(휘배) : 잔을 말끔히 비우다.
慷慨(강개) : 분개하다.
狂歌(광가) : 멋대로 노래하다. 주위 시선에 구애받지 않고 자신의 뜻을 마음껏 펼쳐내
 는 것을 말함.

75. 挽鹿邨先生

毅然風貌眼前過
淚落悽然奈我何
東史西文無不涉
先生著作達觀多

鹿邨(녹촌) : 고병익(高柄翊, 1924~2004). 경북 문경 녹문리(鹿門里) 출생. 서울대학교 문리과대학 사학과를 졸업하고 독일 뮌헨대학교에서 철학박사학위를 받았다. 서울대 총장과 한국정신문화연구원장 역임.
毅然(의연) : 굳센 모습.
風貌(풍모) : 모습.
奈何(내하) : 어찌 하리오? 어찌할 도리가 없다는 뜻.
東史西學(동사서학) : 동양사학, 서구의 문장.
無不涉(무불섭) : 미치지 않은 곳이 없다. 모든 영역을 두루 연구했다는 뜻.
達觀(달관) : 모든 방면에 걸친 깊은 통찰력. 세속을 벗어난 높은 견식.

녹촌 고병익 선생을 추모하며

의연한 당신 모습 눈앞을 가리는데
떨어지는 눈물방울 이 마음을 어입니까
동서양의 역사 문화 두루 섭렵하셨으니
끼치신 글과 말씀 가할 없이 높습니다

76. 霖雨初霽

雲歸冠岳近初更
梅夏江居宿雨晴
街路掃塵身自潔
林枝垂滴氣猶淸
水邊稀見鷺鳧影
郊外遠聞雷電聲
翁媼無心論世事
烹茶對坐話平生

初霽(초제) : 갓 개다.
冠岳(관악) : 관악산. 한강 남쪽에 있으며 서울시의 진산 구실을 한다. 그 북측 기슭에 서울대학교가 있고 필자의 방에 앉으면 관악이 잘 보인다.
初更(초경) : 초저녁. 대략 7시~9시 사이이다.
梅夏(매하) : 매실이 익는 여름. 장마철을 가리킨다.
掃塵(소진) : 먼지를 씻어내다. 티끌과 먼지를 청소하다.
垂滴(수적) : 물방울을 드리우다. 아직 나뭇가지에 빗방울이 맺힌 것을 가리킨다.
鷺鳧(노부) : 해오라기와 오리. 여기서는 물새를 두루 가리킨다.
翁媼(옹온) : 나이든 부부.
烹茶(팽다) : 차를 끓이다.

장맛비가 갓 개다

구름이 돌아드는 이른 밤 관악인데
매실 익는 강가의 집 궂은 비 개었구나
거리의 먼지 씻겨 내 몸 절로 깨끗하고
나뭇가지 물방울 져 천기(天氣)도 하냥 맑다
물가의 오리, 해오 그림자 듬성한데
거리 저쪽 먼 천둥 우는 소리 아득하다
늙은 아내 나와 둘이 세상 얘기 맘에 없고
마주 앉아 차 마시며 지난 세월 되새긴다

77. 再參山花齋伏中燕飮

山花齋舍夜三更
無月無風雨乍晴
燕飮笑談親誼熟
田蛙高唱雜人聲

再參(재참) : 다시 참가하다.
山花齋(산화재) : 필자의 제23대조이신 산화선생을 모시는 재사(齋舍).
伏中(복중) : 초복, 중복, 말복을 가리킨다.
燕飮(연음) : 연회를 벌여 술을 마시다.
親誼(친의) : 친족의 정의.
田蛙(전와) : 논두렁의 개구리.

산화재의 복중 연회에 다시 참가하여

산화재에 밤이 깊어 야삼경(夜三更)인데
달은 숨고 바람 없이 비도 그쳤네
술이 돌자 웃음소리 핏줄의 정 익어가니
논두렁의 개굴소리 사람 말과 범벅된다

78. 白頭山紀行　四首

一. 前一日訪龍井

蕭條龍井廢泉頭
柳暗蟬鳴間島秋
抗日先人今不見
旅遊休紙積街溝

龍井(용정) : 중국 길림성 조선족자치구에 있는 도시의 이름. 1880년대 조선인이 처음 우물을 발견하였다는 용정이 있다. 3·13항일의사 묘지. 윤동주 묘지 등 항일 유적이 많이 있다.
蕭條(소조) : 쇠잔한 모습. (쓸쓸한 모습)
柳暗(유암) : 버들이 어둑하다. 버들이 무성한 모습.
蟬鳴(선명) : 매미가 울다.
間島(간도) : 용정이 있는 만주 지역을 널리 일컫는 말.
街溝(가구) : 거리와 도랑.

백두산 기행 4수

1. 하루 전날 용정을 방문하다

쓸쓸하게 용정머리 허문 샘터 내가 서니
푸른 버들 우는 매미 북간도의 가을이다
항일 반제(反帝) 외친 선열(先烈) 이제는 가고 없고
유흥객들 버린 휴지 여기저기 쌓여 있다

二. 過安圖縣

延吉淸晨向白頭
天高野闊近初秋
停車少息安圖路
農圃溶溶水滿溝

延吉(연길) : 중국 길림성의 도시 이름.
野闊(야활) : 들이 넓다.
農圃(농포) : 농지.
溶溶(용용) : 물이 많은 모습.

2. 안도현을 들러

새벽에 연길(延吉) 떠나 백두산 길 접어드니
높은 하늘 넓은 들판 초가을이 다가선다
안도현 길가에서 차 세우고 잠시 쉬자
농군들의 논과 밭들 두렁마다 넘치는 물

三. 登白頭山

高登神嶽白雲頭
草葉靑黃方入秋
萬丈危峰臨百壑
一條飛瀑放千溝
碧池沈靜星辰映
巨石崢嶸歲月流
向晚下來山麓宿
枕床終夜夢淸幽

神嶽(신악) : 신령스런 산.
方入秋(방입추) : 막 가을에 접어들다. 백두산이 높아서 가을이 일찍 온 것을 말한다.
危峰(위봉) : 높은 봉. 깎아지른 듯 험한 묏부리.
碧池(벽지) : 푸른 연못. 천지를 가리킨다.
崢嶸(쟁영) : 높이 솟은 모양.
向晚(향만) : 저녁 무렵.

3. 백두산에 오르다

천신(天神)의 산 백운 머리 내가 높이 올라서니
풀잎들 푸누르러 가을이 문턱이네
깎아지른 만길 위봉(危峰) 뭇 골짜기 굽어보고
외줄기 비류(飛流) 폭포 즈믄 시내 쏟아낸다
짙푸른 천지 물결 별떨기 비춰 있고
솟아 높은 큰 바위에 유수 세월 자취있다
저녁 되어 산을 내려 그 기슭에 머무르니
베개머리 밤새도록 꿈도 맑고 그윽하데

四. 上豆滿江堤

閑客徘徊柳岸頭
圖們古渡白雲秋
往來人傑今安在
不見舟車水自流

閑客(한객) : 한가로운 나그네. 여기서는 필자를 가리킨다.
徘徊(배회) : 서성이다.
柳岸(유안) : 버드나무가 늘어선 강둑.
圖們(도문) : 한만국경에 위치한 도시로 대안에 북한의 남양(南陽)시가 있다.
安在(안재) : 어디 있는가? 아무데도 없다는 뜻이다.
舟車(주거) : 배와 차. 여기서는 두만강을 건너가는 교통수단을 말한다.

4. 두만강 제방에 올라

나그네로 느긋하게 버들 강둑 걸어보니
도문이라 옛 나루에 흰 구름 뜬 가을이다
여기 서본 명인걸사 지금 어디 있단말가
자취 없는 배와 수레 강물만 흘러간다

79. 十二年前 余受大腸手術 當時遙看富士山 稍以自慰. 今天 渡日航空中 又見此山 有感

遙看富士每深憐
戴雪山峰落照前
憶昔當時遙對汝
吾將開腹任皇天

富士山(부사산) : 일본의 후지산. 해발 3776m로 일본을 대표하는 명산이다.
戴雪(대설) : 눈을 이다. 산봉우리에 눈이 쌓인 것을 말한다.
對汝(대여) : 그대를 마주하다. "그대"는 후지산을 가리킨다.
任皇天(임황천) : 하늘에 맡기다. 수술하면서 자신의 생명을 하늘에 맡긴 것을 말한다.

십이 년 전 내가 대장수술을 받았는데 당시 멀리 부사산을 바라보며 조금이나마 내 스스로의 마음을 달랠 수 있었다. 오늘 일본으로 향하는 비행기 안에서 다시 이 산을 보게 되어 감회가 새로웠다

멀리서 바라본다 어여쁘다 저 부사산(富士山)
눈을 인 묏부리에 저녁 불새 뜨려 한다
생각난다 지난 그 날 내가 너를 마주보며
개복수술 받는 몸을 하느님께 맡긴 일을

80. 甲申年墓祀時 想及余曾祖與祖考作孫名之意 有感

石徑一廻山雉驚
掃瞻瑩域紫煙生
焚香灰共霜華散
讀祝聲和林鳥鳴
嶷嶷昭岡秋欲晚
滔滔洛水浪彌淸
先人囑望何時報
老去更慙吾負名

作孫名(작손명) : 손자의 이름을 짓다. 증조부와 고조부가 필자의 이름을 지어준 것을
  말한다. 『중용(中庸)』 서문에 "중니조술요순 헌장문무(仲尼祖述堯舜 憲章文武)"란
  말이 있음.
掃瞻(소첨) : 깨끗이 쓸고 바라보다. 묏자리를 벌초하고 바라보다.
瑩域(영역) : 묏자리가 있는 곳.

갑신년(2004) 묘사 때 증조부와 고조부가 손자의 이름을 지어주신 뜻이 생각나서 감회가 일다

한 굽이 돌길에 산꿩이 놀라 울고
선영 묘역 벌초하니 보랏빛 향이 핀다
분향재배 다음 자리 서리꽃이 흩어지고
송축소리 메아리로 숲속 새 화답한다
우뚝해라 소명산 봉, 가을이 깊어가고
도도한 낙동강은 물결들 더욱 맑다
가신님들 끼친 보람 갚을 날은 어느 땐가
주신 이름 되어보니 늙은 나이 부끄럽다

讀祝(독축) : 제사 때의 한 절차로 읽는 축문. 헌작을 하는 때만 안 읽어도 되나 여느 경우에는 반드시 해야 한다. "유세차(維歲次)"로 시작하는 글 틀은 엄격하게 정해져 있다.
和(화) : 어울리다.
嶷嶷(억억) : 높이 솟은 모습.
昭岡(소강) : 소명산(昭明山). 필자의 고향인 경남 의령군 내제리에 있는 산. 그 산 아래에 선영과 필자의 소명산화원(昭明山花園)이 있다.
秋欲晚(추욕만) : 가을이 끝나려 하다.
彌(미) : 더욱.
負名(부명) : 이름을 저버리다. 증조부와 고조부가 필자의 이름을 지어주신 뜻을 저버리다.

81. 正月遊濟州民俗村

耽羅正月草離離
民俗村前叟像危
處女堂圍灰黑石
卜人家揭紫青旗
巡廻茅屋遊車走
展示漁船角木支
嬉戲群童多失路
翁婆漫步樂無悲

耽羅(탐라) : 제주도의 옛 이름.
離離(이리) : 벼이삭이나 과실 등이 익어서 아래로 쳐진 모양. 구름이 길게 뻗은 모양. 초목이 무성한 모습.
叟像(수상) : 할아버지 상. 돌하르방을 가리킨다.
卜人(복인) : 점치는 사람. 제주 민속촌에 무속신앙촌이 있다.
紫青旗(자청기) : 울긋불긋한 깃발. 무속인의 깃발을 가리킨다.
角木支(각목지) : 각목이 받치다. 배가 물 위에 떠 있어야 하는데, 육지에 전시를 해놓았기 때문에 각목으로 배를 받쳐놓은 것이다.
樂無悲(낙무비) : 즐거워서 슬픔을 느끼지 못하다.

정월에 제주 민속촌에 노닐다

정월달 탐라왕국 푸른 풀 무성하고
민속촌 앞 돌하루방 외오 우뚝타
처녀당 뜰 앞에는 검정 돌 둘러있고
점쟁이 집 얼레에는 자청색 기(旗) 나부낀다
초가집 순회로에 색동차(車) 회도는데
어부들 배 전시터엔 각목들이 고임댈세
제 풀에 신난 아이 길 잃기가 십상이나
저절사 우리 부부 시름 잊고 즐겨한다

82. 祝碧史先生詩文集刊行

海東今日盛名留
退里喬松白鶴遊
講讀吟詩閑適裡
花亭碧叟忘春秋

碧史(벽사) : 이우성(李佑成) 선생의 호.
盛名(성명) : 큰 명예.
退里(퇴리) : 은퇴해서 머무는 마을. 여기서는 이우성 선생의 고향인 밀양군 퇴로리(退老里).
喬松(교송) : 높은 소나무.
花亭(화정) : 경기도 안산시 화정동.
碧叟(벽수) : "수"는 노인. 벽사 선생을 가리킨다.
忘春秋(망춘추) : 나이를 잊다. 세월을 잊다.

벽사 이우성 선생의 시문집 간행을 축하하며

이 시대 우리 땅에 큰 명성 떨치시니
밀양 퇴로(退老) 장송교목(長松喬木) 단정학 날아든다
시를 읊고 고전 새겨 자자면면 사신 자취
화정(花亭) 주인 우리 벽사 춘추는 묻지 말자

83. 讀茶山先生詩

天涯僻地久淹留
著述瓊章未暇遊
草舍山茶開又落
名垂槿域一千秋

茶山(다산) : 정약용(丁若鏞, 1762~1836). 조선 후기 실학자. 당쟁에 휘말려 귀양살이를 하는 가운데 『목민심서(牧民心書)』, 『흠흠신서(欽欽新書)』, 『경세유표(經世遺表)』 등 500여 권의 저작을 남겼다.
僻地(벽지) : 편벽된 곳. 정약용은 전라남도 강진에 귀양 갔었다.
淹留(엄류) : 머무르다.
瓊章(경장) : 주옥같은 문장. 시나 문장이 매우 아름다운 것을 뜻함.
未暇(미가) : 한가롭지 않다. 겨를을 얻지 못함.
草舍(초사) : 다산초당을 가리킨다.
山茶(산다) : 동백꽃의 별칭으로도 쓰이는 말.
槿域(근역) : 무궁화 피는 지역. 우리나라를 가리킨다.
一千秋(일천추) : 천년 세월.

다산 정약용 선생의 시를 읽고

후미진 곳 하늘가에 오랜 세월 귀양살이
주옥같은 글짓기에 한눈 팔 틈 없으셨다
다산초당 동백꽃은 피었다 또 지는데
끼친 이름 방방곡곡 휘덮어온 즈믄해여

84. 余祖考昔陪曺深齋先生 登火旺山 有一賦 今余讀之 萬感交生

詞章歷歷古人情
師友曾登火旺城
故里遙瞻何最戀
西岡精舍月三更

<small>深齋先生西岡精舍韻有[心期月一規]之句 故及之</small>

曺深齋(조심재) : 조긍섭(曺兢燮, 1873~1933). 조선 말기의 학자. 본관은 창녕(昌寧), 자는 중근(仲謹), 호가 심재(深齋)다.
火旺山(화왕산) : 창녕에 있는 산 이름.
詞章(사장) : 문장. 여기서는 필자의 조부님이 조긍섭 선생을 모시고 화왕산에 올라가서 지은 작품을 가리킨다.
歷歷(역력) : 뚜렷한 모습.
古人(고인) : 옛 사람. 여기서는 조부님과 조긍섭 선생을 가리킴.
師友(사우) : 스승과 벗. 스승 같은 벗. 여기서는 조부님과 조긍섭 선생을 가리킨다.
故里(고리) : 고향마을. 필자의 마을이 화왕산 서쪽 낙동강 건너에 있다.
遙瞻(요첨) : 멀리 바라보다.
何最戀(하최련) : 무엇이 가장 그리운가?

돌아가신 할아버님께서 조심재 선생을 모시고 화왕산에 올라서 부(賦)를 하나 지으셨는데, 지금 내가 그것을 읽고 만감이 교차한다

끼치신 글귀 속에 역력하다 두 분의 정
선생 제자 올랐든가 화왕산 산마루턱
고향에서 멀리 보니 그리움은 그지없고
서강정사 솟은 자리 달이 뜬 삼경(三更)일레

> 조심재 선생께서 서강정사에 관해 시를 지으셨는데, "마음으로 달 한번 둥글어지는 것을 기약하네."라는 구절이 있어서 이를 언급했다.

85. 再遊婆羅洲

重來南國日西斜
直面滄波有店家
晨向晴窓聞囀鳥
晚隨幽徑玩奇花
誰嫌熱帶無醇酒
我愛深林産藥茶
同伴戲球靑草上
滿天星下語喧譁

婆羅洲(파라주) : 보르네오 섬. 세계에서 세 번째로 큰 섬이며, 그 영역이 인도네시아, 말레이시아, 브루나이 등으로 되어 있다.
店家(점가) : 가게. 여기서는 호텔을 가리킨다.
幽徑(유경) : 그윽한 오솔길.
醇酒(순주) : 좋은 술.
藥茶(약차) : 약이 되는 차.
戲球(희구) : 공놀이를 하다. 골프를 치다.
喧譁(훤화) : 시끄럽게 떠들다.

보르네오에 다시 노닐다

다시 찾은 남쪽 나라 저녁 해가 기웃하고
푸른 파도 이웃자리 내가 묵는 숙소 있다
신새벽 밝은 창가 새소리 들려오고
저녁에는 섶길 따라 고운 꽃 즐겨본다
누구라 상하(常夏)의 땅 술이 없다 허물했나
내사 그 갑절로 숲에서 난 차가 좋다
좋은 벗님네와 풀밭 차지 공을 치고
하늘 가득 별 아래서 우리 모두 떠들고 논다

86. 晩雪霽後

二月殘寒春信遲
一宵皓雪滿城時
舞天蝴蝶翩翻態
覆地龍蛇匍匐姿
叢竹猶誇靑鶴骨
老松還愧白瓷肌
江邊大路車行絶
片月低懸玉樹枝

晩雪(만설) : 저녁 눈. 또는 철 늦은 눈.
殘寒(잔한) : 남아 있는 추위.
信(신) : 믿다. 진실로. 여기서는 후자의 뜻.
一宵(일소) : 저녁 내내. 하루 저녁.
皓雪(호설) : 흰 눈.
滿城(만성) : 성에 가득하다. 도시에 가득히 눈이 내리는 것을 가리킴.
舞天蝴蝶(무천호접) : 하늘에 춤추는 나비. 하늘에서 내리는 눈의 비유.
翩翻(편번) : 팔랑거리는 모습.

철 늦은 눈이 그친 뒤

이월달 늦추위에 상기 봄은 늦장인데
한밤중 내린 눈이 만호장안 휘덮었다
호접인양 춤추 하늘 나플댄 저들 모습
용트림이 휘덮은 땅 꿈트린 그런 자취
대나무 숲은 상기 청학 뼈대 지녀 있고
묵어 큰 솔은 흰 빛 가죽 부끄리네
눈에 막힌 강변대로 왕래 차량 끊어져도
조각달 낮윽하게 걸린 옥빛 나뭇가지

覆地龍蛇(부지용사) : 땅을 뒤덮은 용과 뱀. 눈이 땅 위에 내린 모양.
葡匐(포복) : 기어가는 모습.
青鶴骨(청학골) : 푸른 학과 같은 뼈대. 푸른 대나무가 쭉쭉 뻗은 것의 비유.
還(환) : 아직도. (도리어)
白瓷肌(백자기) : 흰 도자기 같은 피부. 소나무가 눈에 덮여 있는 것의 비유.
片月(편월) : 조각달.
玉樹(옥수) : 옥 같이 고운 나무. 눈에 덮인 나무를 가리킨다.

87. 春愁

雪白木蓮春意深
後庭藤架未成陰
枝頭小鳥呼逑囀
江畔衰翁拄杖吟
生理難堪離市井
初心長在臥山林
每逢佳節無端問
千里鄉梅何日尋

藤架(등가) : 등나무 가지가 뻗어가도록 설치한 받침대.
未成陰(미성음) : 아직 그늘을 이루지 못하다. 아직 등나무가 무성해지지 않았다.
呼逑(호구) : 짝을 부르다.
拄杖(주장) : 지팡이를 짚다.
臥山林(와산림) : 산 속 수풀에 눕다. 세속을 떠나 은거하다.
無端(무단) : 수도 없이. 자주. (혹은 부질없이)
何日(하일) : 어느 날.

봄 근심

눈인양 하얀 목련 무르익는 한 봄인데
뒤란의 등나무는 아직 필 줄 몰라 한다
가지 끝에 작은 새들 지지배배 짝을 찾고
강반의 늙은이는 막대 짚고 읊조리네
세상살이 마련 위해 저자거리 지켰으나
본디 나의 마음은 푸른 산속 살어리였지
언제나 양진가절(良辰佳節) 든김없이 맞고 나면
어느 때 천리 먼 길 고향 갈까 뇌어보다

88. 自遣

早從生業涉東西
場市那能不染泥
白首心身常困倦
青雲志氣久迷低
莫依塵世追榮路
好向深山棲碧溪
聽鳥訪花閑靜處
唐詩魯論兩書携

自遣(자견) : 스스로를 위로하다
涉東西(섭동서) : 동과 서를 두루 다니다. 동분서주함을 뜻함.
那能(나능) : 어찌 ~할 수 있을까?
染泥(염니) : 진흙탕에 젖어들다. 고결한 뜻이 더렵혀지는 것을 가리킴.
困倦(곤권) : 피곤하고 지치다.
追榮路(추영로) : 영화를 추구하는 길.
魯論(노론) : 노나라 사람인 공자가 쓴 『논어』.

스스로를 위로하다

삶을 위해 일찍부터 동분서주 하였는데
저자거리 진흙 먼지 몸에 묻어 얼룩졌다
흰 머리칼 몸과 마음 어느 때나 지쳐했고
구름 타고 솟은 뜻은 기가 꺾여 헤매였네
뿌리치리 허튼 세상 영화야 알바 없어
돌아가리 깊은 산골 푸른 시냇가 바로 거기
꽃 반기고 새 노래하는 고요하며 고요한 땅
거기서 나 놀어 당시(唐詩) 두 책만을 지니고 살리

89. 訪陶山書院

陶山尋訪向安東
好是京鄉大路通
祠宇淸虛松籟外
書堂靜謐鳥啾中
春宵朗誦孤山月
秋曉沈吟幽谷風
如問遺薰何處在
敬誠吾道古今同

陶山書院(도산서원) : 퇴계 이황 선생이 후학을 양성 위해 마련한 터전에 자리한 것으로 경상북도 안동, 도산 낙동강반 영지산 자락에 있다.
京鄉大路(경향대로) : 서울에서 지방으로 가는 고속도로
松籟(송뢰) : 소나무에서 울리는 소리. 솔바람.
靜謐(정밀) : 고요한 모습.
鳥啾(조추) : 새가 지저귀는 소리.
孤山月(고산월) : 도산서원에서 동북으로 낙동강을 거스르면 나오는 청량산 자락의 한 구역. 그 풍광이 좋아 이런 구절을 만든 것이다.
幽谷(유곡) : 그윽한 골짜기. 도산서당이 있는 영지산에 관계된다. 이 골짜기는 이황과 그 제자들이 책 읽고 시 읊조리며 도학의 원리를 궁구하던 곳이다.
敬誠(경성) : "경"과 "성"은 퇴계가 지향한 유학의 핵심 내용이다.

도산서원을 찾아서

도산서원 가는 길을 안동으로 잡았는데
저절사 고속도로 막힘없이 탁 트였다
선사(先師) 모신 맑은 사당 솔바람 밖에 있고
옛 서당 정갈하여 들리느니 새소리 뿐
봄밤에 읊조렸을 고산의 밝은 달빛
가을 새벽 불렀으리 영지산 휘돈 바람
끼치신 그 향기는 지금 어디 있는것가
경(敬)과 성(誠)에 일관된 맘 예와 지금 한결같다

90. 地中海船遊

碧水蒼空不見山
船中仰臥客愁閒
南歐諸島多遺跡
卄日優遊夢裡還

仰臥(앙와) : 누워서 위를 바라보다.
客愁(객수) : 나그네 시름.
卄日(입일) : 20일.
優遊(우유) : 여유롭게 노닐다.

지중해에서 배를 타고 유람하다

남빛 물 푸른 하늘 어디에도 산은 없다
누워서 쳐다보니 나그네 맘 한갓지다
남녘 유럽 여러 섬들 유적들 수많아서
스무날 좋은 유람 꿈결같이 돌아왔다

91. 蘭社

八人閑曳住都城
卅載相逢雨又晴
世事何妨傾酒興
寺鐘時伴詠詩聲
言中言外儒家趣
詞表詞間騷客情
碧老玄翁酬唱裡
從容灑落送餘生

寺鐘(사종) : 난사가 자주 모이던 有情집(유정집)이 조계사 가까이 있음.
詞表(사표) : 말이나 문장만이 아니라 언외(言外)의 뜻.
騷客(소객) : 원래는 「이소(離騷)」를 지은 중국의 고대 시인인 굴원을 뜻했으나, 이후로 널리 시인을 지칭.
碧老(벽로) : 난사회원인 벽사(碧史) 이우성 선생.
玄翁(현옹) : 난사회원인 현주(玄洲) 김동한 선생.
酬唱(수창) : 상대방의 시에 답하여 짓는 것.

난사

늙은이 여덟 사람 서울 살면서
비가 오나 눈이 오나 모인 30년
술자리는 세상사 밖, 훼방 못되고
종소리는 때때로 흥을 돋구네
말과 말들 안팎으로 선비 냄새 풍기고
글과 글 틈새마다 문장 풍월 서렸겠다
벽사(碧史)와 현주(玄洲)가 주고받은 가락임에
조용히 맑고 밝게 남은 인생 보내고저

92. 得城字韻, 因憶大學時節城北洞下宿

清寒片月照山城
破屋初秋向晚晴
三四書生多血氣
終宵喧擾討論聲

清寒(청한) : 맑고 시원하다.
片月(편월) : 조각달.
破屋(파옥) : 허름한 집. 필자의 하숙집을 가리킨다.
向晚(향만) : 저녁 무렵.
書生(서생) : 대학생을 가리킨다.
終宵(종소) : 밤새도록.
喧擾(훤요) : 시끄러운 모습.

성(城)자 운을 얻자 대학시절 성북동에서
하숙하던 일이 생각나서

조각 달 맑고 차게 산섶 성를 비추이고
허름한 집 이른 가을, 비 그친 저녁 무렵
서생들 서너 사람 혈기사 넘쳐나서
밤을 도와 펼친 말들 시끌벙덩 했던 자리

93. 病後秋日還鄕

病後還鄕喜欲狂
回思去日正茫茫
漫追霜菊尋山徑
閑捉鰍魚汲野塘
四顧丹粧林壑色
一望黃熟稻粱香
晚歸精舍披襟坐
入室淸風掃筆床

喜欲狂(희욕광) : 기뻐서 미칠 듯하다.
鰍魚(추어) : 미꾸라지.
野塘(야당) : 들판의 연못. 들판의 웅덩이.
稻粱(도량) : 벼와 메조 또는 기장.
精舍(정사) : 서강정사(西崗精舍).
披襟(피금) : 옷깃을 열다.

병치레 한 뒤 가을날 고향으로 돌아가다

병치레 뒤 고향 길 가슴 가득 즐거워도
지난 날 돌이키니 마냥 아득타
서리 맞은 국화 보며 느긋하게 산길 가며
웅덩이 물 퍼내어서 미꾸라지 잡아보네
어딜 보나 붉게 물든 숲과 골짜기
논 가득 황금 물결 벼와 기장 향
저녁에 찾은 서강정사 옷깃을 열면
맑은 바람 방에 들어 책상을 쓴다

94. 思鄉

蘭社偶得吭字韻而覺造句至難因馳思于鄉第.有作.

高枕衰翁覓句忙
園林蜂蝶逐殘香
客稀茅屋門常闢
人老山村草自長
睡狗倚庭閑掉尾
耕牛隨畝苦伸吭
昨今多病歸來罕
蘭社詩中憶故鄉

馳思(치사) : 멀리 생각하다.
鄉第(향제) : 고향집.
覓句(멱구) : 시 구절을 찾다.
掉尾(도미) : 꼬리를 흔들다.
伸吭(신항) : 목을 내밀다. 힘들게 일하는 모습. 이상 네 구절은 고향집의 풍경을 상상하
 여 묘사한 것이다.

고향 생각

난사에서 우연히 향(吭)자 운을 얻어 글 짓는 것이 너무 어려웠는데, 고향집을 생각하고는 이 시를 지었다.

늙은 이 베개 밴 채 싯구(詩句) 찾기 바쁜데
동산 숲 벌 나비는 남은 향기 좇아 난다
초가에 손님 없어 삽작은 열려 있고
늙은이 사는 마을 푸새 것들 욱었겠다
뜰에 누워 조는 삽살 꼬리를 설래살래
이랑 따라 밭갈이 소 목을 길게 빼었으리
얼마동안 병치레로 고향 길 접게 되어
난사 모임 지은 시에 내 고장을 그려본다

95. 訪山寺

行隨鳥獸蹤
時聽遠外鐘
草色詩情洽
苔文禪味濃
紅殘山躑躅
白散木芙蓉
不見雲中寺
烟霞遮萬重

鳥獸蹤(조수종) : 새와 짐승의 자취.
洽(흡) : 적시다.
苔文(태문) : 이끼 무늬.
禪味(선미) : 참선의 맛.

산사를 찾아서

새 짐승 자취 따라 걷노라면은
때로 아득히 우는 종소리
푸른 빛 풀 흠씬하게 시정(詩情) 머금고
이끼는 무늬 이뤄 선미(禪味) 돋군다
붉은색 상기 남은 철쭉꽃인데
흰 빛을 흩뿌린 목부용(木芙蓉) 모습
구름 가려 절집은 보이지 않고
아롱아롱 아지랑이 몇 만 겹인가

96. 秋思 二絶

一.

寂歷庭松小鳥歌
清音似憶故山河
花凋木落西風冷
無奈悠悠歲序過

寂歷(적력) : 고요하고 쓸쓸한 모습.
故山河(고산하) : 고향의 산과 물.
花凋(화조) : 꽃이 시들다.
無奈(무내) : 어찌할 수가 없다.
悠悠(유유) : 끊임없이 이어지는 모습.
歲序(세서) : 일 년 사계절의 순서. 세월.

가을 상념 절구 2수

1.

고요한 뜰 소나무에 작은 새 우니
소리 따라 고향산천 삼삼거린다
서녘 바람 싸늘하고 꽃과 잎 지니
하염없이 가는 세월 어이하리야

二.

半夜書窓蟋蟀歌
欻然秋氣襲山河
風前紅葉飄飄下
漢上橫飛雁陣過

半夜(반야) : 한밤중.
蟋蟀(실솔) : 귀뚜라미.
欻然(훌연) : 홀연. 갑자기.
襲(습) : 침입하다. 엄습하다.
飄飄(표표) : 우수수 떨어지는 모습.
漢上(한상) : 한강 가.
雁陣(안진) : 대열을 맞춰 날아가는 기러기.

2.

한밤중 서재 창가 실솔의 노래
어느새 가을 기운 강산을 덮네
바람 불어 단풍잎 우수수 지고
한가람가 빗겨 나는 기러기 떼들

97. 江居吟

青雲立志恤邦貧
故向商工擲一身
行業甘從營利客
退居纔擬讀書人
山中鄕第知無事
江畔園庭喜少塵
月會蘭詩治病好
呻吟覓句亦淸眞

恤邦貧(휼방빈) : 가난한 나라를 구제하다.
甘從(감종) : 달게 여기고 따르다.
營利客(영리객) : 영리를 추구하는 사람.
纔(재) : 겨우. 가까스로.
鄕第(향제) : 고향집.
少塵(소진) : 먼지가 적다. 세속의 때가 묻지 않음을 말한다.
治病(치병) : 병을 치료하다.
覓句(멱구) : 시 구절을 찾느라 궁리하다.

강가에 살며 읊조리다

가난 없는 나라 살림 내 청춘의 꿈이었네
산업진흥 달성 위해 한 몸을 내던졌다
일터에선 최상 경영 하늘로 섬기었고
물러남에 진적(眞籍) 읽기 가까스로 꾀해보네
산속의 고향 소식 무사한 줄 알았으며
강가의 내 집 뜰에 티끌 적어 기쁘구나
달마다 여는 시회(詩會) 병수를 없애주니
애쓰며 찾는 싯구(詩句) 저절사 맑아 좋다

98. 遊日本四國今治市

沿途綠野恰如圖
城市江山錦繡鋪
病叟離群無別樂
往探書肆卷中珠

四國(사국) : 시코쿠. 일본 본주(本州) 남쪽에 있는 섬.
今治市(금치시) : 이마바리시.
恰(흡) : 마치.
錦繡鋪(금수포) : 비단으로 수놓아서 깔아놓다.
病叟(병수) : 병든 늙은이. 여기서는 필자를 가리킨다.
無別樂(무별락) : 특별한 즐거움이 없다.
卷中珠(권중주) : 책 속의 진주.

일본 시코쿠 이마바리시를 노닐다

길섶의 푸른 들판 그림이 따로 없다
성과 저자 뫼와 가람 비단수를 깔아 놓다
병든 이 몸 무리 떠나 별다른 낙이 없어
책방이나 찾아가서 책 속의 옥 주워보리

99. 蘭社二十五周年 二千八年

覓句呻吟更步行
長長二十五年程
笑談風發花飛夜
酬酌和諧香滿城
閑向書床披史讀
漫將庭圃執鋤耕
自矜蘭社彌繁盛
且願前途亦順平

和諧(화해) : 조화롭게 어울리다.
庭圃(정포) : 정원의 채마밭.
鋤(서) : 호미.
自矜(자긍) : 절로 자랑스럽다.

난사 25주년 2008년

멋진 구절 찾아내려 바자니며 아파했다
장장 세월 스물다섯 햇수를 거쳐왔네
거침없는 담소자리 휘날리는 꽃잎의 밤
주고받는 마음일레 장안 가득 펼친 향기
고요하면 책상 향해 역사책 펼쳐보고
느긋할 제 텃밭에서 호미 들어 김도 멘다
덩덩 덩더꿍덩 난사 번창 신명난다
또 여기 소망 있다 우리 모임 번창하길

100. 晩松亭重修後還鄉設宴

不羨仙臺十二樓
山亭讌語白雲收
地偏人老寒村夕
禾熟雉鳴鄉曲秋
離去那忘遺德厚
歸來更覺慕情幽
須看石徑黃花發
扶杖且登家後丘

晩松亭(만송정) : 고조부이신 희각공께서 지으신 정자.
重修(중수) : 다시 짓다.
讌語(연어) : 모여 이야기하다. 잔치를 하다.
禾熟(화숙) : 벼가 익다.
鄉曲(향곡) : 고향 마을.
那忘(나망) : 어찌 잊으랴. 잊을 수 없다.
遺德厚(유덕후) : 끼친 덕. 고조부의 덕이 두터움을 가리킨다.
黃花(황화) : 누런 꽃. 대개 국화를 가리킨다.

만송정을 중수한 뒤 고향에서 잔치를 열다

무어라 부러하리 신선의 열 두 누대
산정의 연석 자리 걷히는 구름
한갓진 땅 늙는 사람 거친 마을 저녁인데
벼가 익고 꿩이 우는 여기는 향곡 가을
떠돌이 신세여도 입은 은공 못 잊겠고
돌아와서 새삼 느낀 조상님 끼친 은덕
저 보아 들길 섶 노랑 국화꽃
막대 짚어 다시 오른 우리 집 뒷등

101. 晩秋

白雲飛散碧天涯
雁陣橫江日欲斜
黃落疎枝寒鵲宿
晩秋無客老人家

飛散(비산) : 날아서 흩어지다.
雁陣(안진) : 기러기 행렬. 기러기는 八자나 一자 대열로 날아간다.
黃落(황락) : 누런 잎이 떨어지다.
疎枝(소지) : 성진 나뭇가지. 이파리가 다 떨어진 나뭇가지.

늦가을

흰 구름 휘날리는 푸른 하늘가
기러기 떼 빗긴 가람 해가 기운다
나뭇잎 지는 가지 까치 깃 있고
늦은 가을 외오자는 늙은이의 집

102. 漫步江堤戲問內子

江堤相伴浴風行
沿路草花含笑迎
內盡劬勞家僅保
外從商事業無成
浮雲莫念飛高下
役馬何關荷重輕
戲問家人可納否
老吾身後托吾卿

漫步(만보) : 맘 내키는 대로 걷다. 산보.
戲問(희문) : 장난삼아 묻다.
內子(내자) : 아내
劬勞(구로) : 고생. 수고.
家僅保(가근보) : 집안이 근근이 유지되다.
莫念(막념) : 개의치 않음.
何關(하관) : 무엇을 걱정하랴. 관심을 갖지 않는다는 뜻.
可納否(가납부) : 맡아줄 수 있겠는가?
身後(신후) : 죽은 뒤.
吾卿(오경) : 나의 그대. 필자가 아내를 가리킴.

강둑을 천천히 산보하며 아내에게 장난 삼아 묻다

손잡고 강 언덕길 소풍을 한다
길섶에 핀 꽃들 웃으며 맞네
아내의 노력 덕에 집안 살림 지켜내나
경영 종사 남편인 나 무엇을 이루었나
뜬 구름이 높낮이를 걱정해 무엇하며
역마가 등짐 무게 따져서 어이 하랴
아내에게 기롱 삼아 물어 보는 말
늙은 나 사후사 그대에게 맡기고자

103. 碧史先生伴石如惠訪二村坊陋舍

多年稀客任蕪荒
今日柴門浴艷陽
陋巷菜蔬無別味
晴窓談笑有餘香
江流蕩漾堪遊目
世事紛紜奈斷腸
石友居然時務繫
悠哉碧叟外閑忙

石如(석여) : 성대경(成大慶). 1932년 경남 창녕 출생으로 성균관대 사학과와 동 대학원 졸업. 성균관대 사학과 교수 역임. 주요 논저로는 『한국현대사와 사회주의』(2000), 『한국사회주의운동 인명사전』(공편, 1996) 등이 있다.
二村坊(이촌방) : 서울 이촌동.
艷陽(염양) : 햇빛에 반짝거리다.
無別味(무별미) : 별미가 없다. 색다른 맛이 없다.
蕩漾(탕양) : 물이 많이 흐르는 모습.
遊目(유목) : 마음껏 바라보다.
悠哉(유재) : 한가롭게 유유자적하다.
碧叟(벽수) : 벽사 이우성 선생의 별칭.
外閑忙(외한망) : 한가로움과 바쁨의 바깥에 있다.

벽사 이우성 선생이 석여 성대경 교수와 함께 이촌동 우리 집을 방문하다

몇몇 해를 손님 없어 헝큰 나의 집
오늘에야 그 삽작이 윤기를 낸다
진창인 곳 나물반찬 별 맛 없어도
개인 창에 정겨운 말 향기 서린다
강물은 넘실대어 눈요기 넉넉하고
어지러운 세상 형편 말거리 된다
묵묵한 친구 석여(石如) 제 몫이 있고
유연해라 한가한 듯 바쁜 우리 벽사장(碧史丈)

104. 己丑墓祭

奠罷塋前背落暉
淸寒十月鳥聲微
京鄕縬距千餘里
一歲一回遊子歸

己丑(기축) : 2009년.
墓祭(묘제) : 무덤 앞에서 지내는 제사.
奠罷(전파) : 제사가 끝나다.
落暉(낙휘) : 석양.
京鄕(경향) : 서울과 시골.
遊子(유자) : 떠나간 아들. 여기서는 필자를 가리킨다.

기축년 묘제

배례 끝난 봉분 앞 잔등의 석양
맑은 철 시월상달 고운 새소리
서울에서 고향까지 고작 천여 리
한 해에 단 한 번을 내가 왔다네

105. 庚寅新正自問

夕景江窓樹影侵
啾啾庭鳥戀鄉林
紅塵並散青雲志
白髮猶存赤子心
讀破古詩多少句
沽來名酒幾千金
流光冉冉歸何處
七九衰身漢上臨

啾啾(추추): 새가 지저귀는 소리.
鄉林(향림): 고향 수풀.
赤子(적자): 어린 아이. 젊은이.
沽來(고래): 사오다.
流光(유광): 흘러가는 세월.
冉冉(염염): 하염없이 흘러가는 모습.
七九(칠구): 당시 필자의 나이가 79세였다.
漢上(한상): 한강 가.

경인년 신정(庚寅年 新正) 스스로에게 묻다

해거름 녘 창가에 나무 그림자 스며든다
지지배배 우는 새도 고향 동산 그리는 듯
젊었을 적 세운 뜻은 홍진 속에 묻혀가도
어렸을 때 먹은 마음 백발에도 상기 살아
읽어낸 고전 명시(名詩) 적지 않은 마리 되고
사서 즐긴 좋은 술들 값을 치면 엄청나지
흐른 세월 덧이 없고 돌아갈 곳 어디인가
일흔 아홉 늙은 몸이 한강 가를 서성인다

106. 自嘲一絶

我是僻村樗一株
非材占得市城隅
老來便作偸安客
自處當年耽美奴

自嘲(자조) : 스스로를 비웃다.
僻村(벽촌) : 궁벽한 마을. 후미진 고장.
樗(저) : 가죽나무. 아무 쓸모 없는 존재의 비유.
占得(점득) : 차지하다.
市城隅(시성우) : 시장이나 도성의 모퉁이.
偸安(투안) : 눈앞의 안일을 추구하다.
耽美(탐미) : 아름다움을 탐하다.

스스로를 비웃으며

나는 외딴 마을 한 그루 가죽 나무
쓸모없는 재목인데 장안 구석 차지했다
늙게 되자 탐하는 것 눈앞의 안일 연락
지금은 속절없는 유야랑 신세

107. 拜許眉叟先生墓

　　余中學同窓一行三十餘名 訪漣川許眉叟先生墓所 同窓中有許先生十二代宗孫故也 墓在民統線內.

山間平野水田開
石築頹虧長綠苔
追慕先師碑七尺
虔參後學酒三杯
東西泥鬪何時起
南北相殘莫再來
此地憂愁難可拭
低頭默默上高臺

許眉叟(허미수) : 조선 중기 학자이자 문신인 허목(許穆, 1595~1682). 이황의 학문을 이어받아 성호 이익(星湖 李瀷)에게 연결시키는 가교 역할을 한 기호 남인의 선구. 그의 예설은 정치적으로 왕조의 질서를 확립하고 일반 사대부에게 고루 조정 진출의 기회를 갖게 하려는 의도를 내포했다.
頹虧(퇴휴) : 무너지고 망가지다.
虔參(건참) : 공손하게 참배하다.
東西泥鬪(동서니투) : 조선시대 동인과 서인들이 벌린 이전투구격 당쟁을 뜻함.
南北相殘(남북상잔) : 남한과 북한이 벌인 6·25 전쟁.

미수 허목 선생의 묘를 참배하다

우리 중학 동창 일행 삼십여 명이 연천에 있는 미수 허목 선생의 묘소를 방문했다. 동창 중에 허 선생의 12대 종손이 있었기 때문이다. 묘소는 민통선 안에 있다.

산골짝 넓은 들판 무논이 펼쳐진 곳
석축은 허물었고 푸른 이끼 덮여있다
가신님 섬긴 빗돌 그 높이 일곱자요
삼가히 후학들이 따르는 술은 석 잔
동과 서로 편 갈라 벌인 싸움 언제였나
동족상잔 남북전쟁 다시는 겪지 말자
여기 서린 근심걱정 떨쳐내기 어려우니
말없이 숙인 고개, 높은 언덕 올라봤다

108. 過歲 於日本唐津客舍

故國西望氣冽清
殊邦歲暮感凋零
庭松冒雪頭常白
籬竹搖風莖益靑
幽興愛詩親蠹簡
衰身斷酒遠壺甁
却欣候鳥來相問
長日無聊戶牖扃

唐津(당진) : 일본의 카라츠
冽淸(열청) : 맑고 깨끗하다.
籬竹(이죽) : 울타리의 대나무.
蠹簡(두간) : 좀 먹은 죽간. 오래된 책.
壺甁(호병) : 주전자와 병. 술병을 가리킨다.
相問(상문) : 안부를 묻다.
扃(경) : 빗장을 걸다.

한 해를 보내며 　일본 카라츠 객사에서

내 나라는 서쪽 먼 곳 천기는 맑고 맵다
남의 땅서 맞는 세모 가슴이 쓰라리다
뜨락의 소나무는 눈을 맞아 머리 희고
울타릿가 대나무들 바람 불자 더 푸르다
이는 흥취 시 생각에 좀 먹은 책 펼쳐보고
여윈 몸 멀리한 술 호리병 물리치네
정겨워라 철새무리 저와 나 인사하고
긴긴 날 할 일 없어 출입문 잠가두네

109. 東日本大地震慘事有感

怒濤捲海襲如山
掠去文明永不還
埋沒家財沙礫下
浮沈命脈濁流間
哀呼姊妹虛望切
幸索孩孫喜淚潸
折挫心身荒廢巷
鮮明夕日照兒顏

東日本大地震慘事(동일본대지진참사) : 2011년 3월 11일에 일본 후쿠시마(福鳥)에서 일어난 지진. 이때 일어난 해일과 진동으로 원자력발전소가 폭발하여 엄청난 피해가 발생하였다.
掠去(약거) : 노략질해가다. 파괴하다.
幸索(행색) : 다행스럽게도 찾다.
孩孫(해손) : 어린 손자.
潸(산) : 눈물을 흘리다.
兒顏(아안) : 어린 아이의 얼굴.

동일본 지진 대참사에 느낀 바가 있어

성난 물결 끓는 바다 산악처럼 엄습하여
불시에 닥친 암흑, 말 막히고 기가 찬다
세간살이 남김없이, 모래 자갈 밑에 들고
물거품 된 목숨들은 흙탕 속에 잠겼거니
곤죽된 몸과 마음 지쳐 빠진 거리에서
구성져라 언니 동생, 외침소리 메아리뿐
천만다행 찾은 아손(兒孫) 기쁜 눈물 절로 흘러
선홍빛 저녁 붉새 앳된 얼굴 비춤이여

110. 祝杏坡八十壽

追遊半世託情深
今日居然白髮侵
博約啓蒙天下事
唯君不失愛民心

杏坡(행파) : 이용태(李龍兌, 1932~). 경북 영덕 출신으로 서울대학교 문리과대학 물리학과를 졸업하고 미국 유타대학에서 박사학위를 취득하였다. 귀국 후 우리 사회의 전산화체제 구축에 주역으로 활약하였으며 삼보컴퓨터 회장, 숙명여대 이사장 등 역임.
追遊(추유) : 따라 노닐다.
託情(탁정) : 정을 기탁하다.
博約(박약) : 학문의 내용은 넓지만 그 표현은 간명한 것. 박문약례(博文約禮), "박학다식하고 예속을 엄격하기를 기한다"의 축약어. 여기서는 행파(杏坡)가 회장인 박약회(博約會)의 준말.

행파 이용태의 팔순을 축하하며

반세기 넘긴 교유 오고간 정 깊고 깊다
오늘 보는 그대 모습 흰머리로 가득하네
참글 읽고 벼리 새겨 밝은 세상 만드는 일
살뜰한 애민정신(愛民精神) 그대만이 살려왔네

111. 祝向川仁兄八旬壽

君子儀容圓不虧
初年負笈莫論遲
翰林學績亭亭處
駱麓文名藉藉時
或赴山門閑對酒
行逢興趣輒成詩
同門同甲斯同老
且祝吾兄百歲期

向川(향천) : 김용직(金容稷, 1932~). 경북 안동 출생. 서울대학교 국문과를 졸업했으며 동대학원 박사학위를 취득했다. 서울대학교 교수를 역임.
圓不虧(원불휴) : 이지러지지 않고 둥글다.
莫論遲(막론지) : 늦었음을 논하지 않다. 시기를 가리지 않고 학문에 열중하다.
翰林(한림) : 학문의 숲. 학계를 두루 가리킨다.
亭亭(정정) : 우뚝 솟아있는 모습.
駱麓(낙록) : 서울시 동숭동 서울대학교 문리과대학 동측에 있는 산 이름.
藉藉(자자) : 널리 퍼진 모습.
輒(첩) : 갑자기 문득.

향천 김용직 인형의 팔순을 축하하며

모난 일 삼가하여 둥근 모습 되었는가
어렸을 적 뜻한 학문 늦깎이로 이루었지
전공으로 얻은 공적 그 나름의 자취 있고
낙산 기슭 대학문단 그 이름 알려졌다
때로는 절집 찾아 한가롭게 잔을 들고
더러 있는 소풍 길에 흥이 일면 시도 짓지
동문수학 동갑내기 우리 함께 늙어가니
충심으로 바라는 바 백세를 기약하세

112. 倣市隱

彷彿在山林
居閑絶俗音
雲流冠岳遠
魚沒漢江深
不失先憂意
尚存推己心
行吟蘭社句
驚覺暮鐘臨

市隱(시은) : 도시에 은거하다. 옛날 은자들은 깊은 산속에 은거했는데 이를 소은(小隱)이라고 했으며, 조정이나 도시에 은거하는 것을 대은(大隱)이라고 하였다.
先憂(선우) : 선우후락(先憂後樂)의 줄임말. 먼저 근심하고 후에 즐거워한다. 다른 사람들의 근심에 앞서 자신이 근심하고 다른 사람들이 모두 즐거워한 후에 비로소 즐거워한다. 선비의 벼슬살이 신조.
推己(추기) : 추기급인(推己及人)의 줄임말. 자신의 마음으로 미루어 다른 사람의 마음을 헤아리다. 남을 보살핌을 말함.

시은을 흉내 내다

숨어서 사는 이가 하느리 좋아
비루한 세상살이 접고저 하네
구름이 흘러가는 저기 저 관악
물고기 숨어사는 여기 한강물
성현의 선우후락(先憂後樂) 가슴 새기고
나보다 남 생각도 해야 하는 것
난사에서 만든 시 읊어 보다가
제 풀에 놀라한다 저녁 종소리

『東西南北三十年』 후기

새해 2013년이 되면 우리 <蘭社> 漢詩 모임이 발족한 지 꼭 30년이 된다. 난사 회수 250회를 또박또박 열었고, 同人들의 漢詩集도 第四卷이 나오게 되었다.

1983년 초가을, 당시 蓮庵工大의 학장으로 있던 故 金浩吉 兄의 고향인 경북 "芝澧" 마을이 안동댐 건설로 물속에 들어가게 되었다는 소식을 듣게 된 몇몇 친지들이 갑자기 마음을 내어 그곳을 방문하게 되었다. "芝澧"는 글 읽는 소리가 예로부터 끊이지 않았다던 義城金氏 집성촌으로 儒家의 이름난 고장이다.

우리가 문경새재를 넘은 날은 유난히도 청명한 가을 날씨였고, 그 날 참가하신 同人은 玄洲 金東漢, 碧史 李佑成, 少泉 趙淳, 慕何 李憲祖, 向川 金容穉, 芝坡 金浩吉의 6명이었다. 10월 1일, 여섯 명의 벗이 두 대의 차량에 분승하여 서울에서 수안보를 거쳐 문경새재[鳥嶺]를 넘어 갔다. 왕복 차중에서의 환담은 물론, 지례와 안동 시내의 잠자리에서도 베개를 나란히 이어서 이야기로 잠을 잊었고, 陶山書院을 비롯한 안동 땅 문화유산의 몇몇 곳을 둘러보며 여러 가지로 공부했다. 돌아오는 길에는 豊基에서 竹嶺을 넘었다. 丹陽 남한강의 부슬비 내리는 龜潭峯 아래에서 뱃놀이를 즐기며 저 옛날 退溪 선생의 풍류를 잠시 본받기도 했다. 차중에서 누가 발설했는지는 분명치 않지만, 앞으로 정기적으로 모여서 漢詩를 한번 지어보면 어떠냐는 말이 나왔다. 그러나 누구에게도 꼭 詩會가 될 것이라고 믿겨지지는 않았다. 同人 가운데는 훌륭한 한시 작가도 계시지만 절반이 넘는 사람들은 平仄도 모르고 押韻의 규칙도 모르니 律詩의 對仗이 어떤 것인지 알 까닭이 없다. 그러고도 한시를 짓겠다는 것이 얼마나 무모한 짓인지도 알지 못하는 지극히 가소로운 소행이었다. 그러나 일행 모두가 비슷한 유교 문화적 환경에서 자라났고 또 한시를 읽고 사랑하는 데 있어서는 결코 남에 뒤지지 않는다는 공통점이 있었다.

귀경하여 얼마 뒤에 봉천동 소천 댁에서 발족하여, 제1회 모임을 가졌다. 좌중의 장로는 현주 어른이지만 자연스럽게 벽사 선생이 좌장의 역할을 맡아주게 되었다. 기록과 잔심부름은 한평생 시장에서 뼈가 굳은 모하가 맡게 되었고, 덕분에 그는 과외로 한시공부를 할수 있었다. 초기의 한 10년간은 同人의 자택을 돌면서 시회를 열었으나 동인들 내외가 다 늙어가면서 안에만 수고를 지나치게 끼칠 수 없어 자연히 음식점으로 시회 장소를 바꾸었다. 지난 25년 가까이는 曹溪寺 이웃의 <有情집>이 지정장소 같이 되었다. 사장 孫 여사가 벽사와 같은 밀양이 고향이라서 동인들과 서로의 정이 각별했고, 마음 편하게 매달 시회를 가질 수가 있었다. 지난 30년 사이에 鹿邨 高柄翊 선생, 石霞 金宗吉, 杏坡 李龍兒, 經洲 柳赫仁, 少南 李宗勳의 다섯 분이 동인으로 참가하셨으나 한편으로, 그동안에 玄洲와 鹿邨과 芝坡와 經洲 네 분의 동인이 유명을 달리 하셨다. 그러나 그 신령들은 언제나 蘭社에 참석하실 것으로 남은 동인은 모두 굳게 믿고 있다.

우리가 매월 모여서 30년! 그러면서 시대착오에 가까운 한시를 짓는다는 것이 상식 밖의 일이라는 것은 잘 안다. 2008년에 출간한 난사 제3집의 서문에서도 말했지만, 나 개인으로는 난사에 조금이라도 더 좋은 시를 보이고 싶어서 명시구라도 읽거나 듣게 되면 오래 기억해 두려고 애를 썼다. 난사에 내어놓을 시 작품이 나오기 전까지는 그야말로 각고의 노력을 한다. 난사에서 벽사 선생의 비평과 수정이 있고나서야 비로소 어깨의 힘이 쭉 빠진다. 그러니 그 작품이 한시의 일반적 수준에 크게 미달하는 것은 어쩔 수 없다. 그래서 이런 제작과정으로 보아 소위 시의 일종으로 받아들여질 수 있는 문학작품이라 할 수는 없다. 그러면 무엇인가? 단순한 놀이인가? 그렇다. 문학작품은 못되지만 참 좋은 "놀이"는 되었다. 이 "놀이"의 결과를 만들기 위해 보내는 "純粹無慾無念의 시간"은 평가해 주어도 될 만 하다. 나같이 시장 한복판에서 이해관계로 얽히고설킨 거리를 오가며 사는 사람이 얼마동안의 시간을 할애해서 순수 무욕한 놀이를 할 수 있었다는 것은 그 놀이의 결과물의 가치와 관계없이 참으로 소중하고도 소중한 것이라는 것을 나는 뼈저리게 안다. "思無邪"니 "參禪"이니 하는 말이 생각나나 쓰기는 겁난다. 그러나 양자가 매우 비슷하다고 나는 느끼고 있다. 내가 다년간 종사한 기업체 경영의 길에서 크게 과오를 범하지 않고 책임을 수행할 수 있었던 것도 蘭社에서 漢詩三昧에 정기적으로 빠질 수 있었기 때문이라고 믿고 있다.

　내 詩가 이 세상에 내어놓고 선보일 수준은 결코 못된다는 것을 내가 누구보다도 잘 안다. 습작이지 작품은 아니다. 과거 근 10여년을 벗들은 漢詩集을 펴내라고 권했지만 내가 나서서 내 부족함을 만천하에 내어놓고 웃음거리가 될 일 없을 것인즉 나는 굳게 그러지 않으리라 마음먹어왔다. 그런데 금년 나이 80을 넘기고 보니 노욕이 약간 동하는데 겹쳐서 향천 김용직 형이 자기가 번역을 보아줄 터이니 책을 내자고 강권을 하는 것이 아닌가. 나는 슬그머니 마음이 동했다. 사실 펴놓고 할 말은 못되지만 제 자식은 아무리 못나도 예쁜 점이 조금은 있듯이 내가 고생고생 억지로 만들어낸 작품에 수준여하를 막론하고 애착이 전혀 없을 수는 없다. 그래서 이렇게 지난 30

년간에 지어본 한시 500여 수 중에서 100여 수만을 향천과 함께 골라 그 번역과 출판 일체를 부탁했다. 흔히 말하듯 좋은 친구야말로 보배가 아닐 수 없다. 실무과정에서 소남 이종훈 형도 거들고, 또 향천 주변의 몇 분이 힘써주신 것으로 안다. 그리고 高英愛 女史의 도움도 적지 않았다.

단순한 음풍영월의 시는 피하고 고르다가 보니 기행시가 주류를 이루었다. 그래서 내 경영자생활 30년, 한시 30년의 마음을 담아서 『동서남북 30년』이란 이름을 붙였다. 그런데 실은 동서남북 30년의 여백에 이 시들이 있었다.

한시에 안사람 소리 자주한다고 친구들은 놀리지만 이왕 우스개가 된 김에 이 책을 아내에게 바친다는 소리도 한번 다시 해보기로 한다.

2012년을 보내면서

慕何

慕何 李憲祖, 그 인간성과 詩
― 사화집 『東西南北三十年』에 부쳐

金 容 稷

1

慕何와 나는 흔히 일컫는 동갑내기다. 학과가 다르기는 했으나 한 때 우리는 같은 학교의 같은 학부를 다녔다. 올해로 우리는 여든이 꽉 차는 나이가 되었다. 그 동안 우리가 맺은 인연은 햇수로 60년 가까이에 이르는 셈이다.

적지 않게 지각한 상태에서 내가 학부에 진학하고 보니 모하라는 별칭을 쓰기 전의 학생 李憲祖는 이미 우리 대학에서 이름을 떨치는 학구파였다. 당시 모하는 우리 대학의 학보 편집위원이었고 朴鍾鴻 교수의 총애를 받아 그 조수역을 하고 있었다. 특기할 것은 당시 그가 파고든 것이 우리 주변에서는 처녀지에 속한 수리철학이었다는 사실이다.

학부에서 나는 국문학 전공을 지망했다. 한동안 창작의 길을 택할까 상아탑식 연구자로 살아갈 것인가를 결정하지 못한 상태였다. 그런 내 눈에 모하는 본격 연구의 길을 가려는 연구지망생으로 생각되어 적지 않게 흠선이 되는 존재였다.

졸업반이 되었을 때 모하가 제출한 학사논문 제목은 「表現과 言述」이었다. 그 전반부가 1957년 6월 발행의 『文理大學報』에 실렸다. 우리가 그것을 보게 되자 자칫 허장성세가 앞서는 듯 생각된 우리

대학의 학생들 가운데도 이렇게 착실한 공부꾼이 있었구나 하는 생각을 금할 수가 없었다. 모하가 그의 논문에서 원용한 것은 당시 우리 또래가 귀동냥 정도로만 얻어 들은 L. 비트겐슈타인, R. 까르납, 화이트 헤에드 등의 이론이었다. 모하의 논문에는 그들의 저서를 착실하게 읽은 자취가 여기저기에 나타나 있어 그것만으로도 내 마음이 긴장되었던 기억을 가진다.

②

학부를 마치자 모하는 우리 대학의 연구실을 등지고 기업, 경영의 길을 택했다. 초창기의 금성사 사무실이 당시의 반도호텔에 있었다. 모하와 달리 나는 아직 학적 보유자였는데 하루는 아주 색다른 용건으로 그를 찾아간 적이 있다. 졸업반이 되었을 때 나는 문리대문학회의 일을 떠맡게 되었다. 그 회지 발간이 내가 짊어지게 된 멍에였는데 당시 우리대학의 재정 형편이 문학회와 같은 학생들의 임의조직에 보조금을 낼 힘이 없었다. 그럼에도 내가 맡은 자리는 만난을 배제하고 회지를 발간하지 않을 수 없게 되어 있었다. 그 일로 나는 며칠 동안 머리를 싸맸다. 그런 다음 생각해 낸 것이 회지 발간에 소요되는 경비를 동창, 선배를 찾아다니면서 모금을 해보는 안이었다.

이야기의 가닥이 그렇게 잡히자 내 담당이 된 모금 기관 가운데 하나가 금성사였다. 그 까닭이 된 것은 내 출신지역이었다. 즉 내 출신도가 경상도임에 대해 럭키금성 역시 경상도 출신이 경영하는 회사라는 것이 내가 그쪽을 담당하게 된 사유의 모두였다.

모하가 신입사원으로 근무하는 금성사를 찾아갈 때 나는 철학과의 朴琮炫 군과 동행을 했다. 그때 박종현 군은 모하에 이어 朴鍾鴻 선생 연구실에서 조수 일을 보고 있었다. 그는 학부 진학과 함께 파고든 희랍어 실력으로 2학년 때부터 이미 플라톤과 아리스토텔레스를

원서로 읽어낼 정도의 착실한 공부꾼이었다.

학교를 졸업하기 전 나는 그의 도움을 얻어 모하를 만났다. 즉 박종현 군을 징검다리로 삼고 내가 모하와 첫인사를 한 것이다. 그런 인연을 밑천삼아 나는 박군과 함께 반도호텔 1층에 있는 금성사로 갔다. 철학 지망생의 굴레를(?) 벗은 모하가 반갑게 우리를 맞아 주었다. 그때 나는 당돌하게도 앞으로 철학으로 돌아올 계획은 없는가 물은 것 같다. 워낙 뜻밖의 말이어서 그랬는지 그 자리에서 모하는 이렇다 할 생각을 피력하지 않았다. 다만 우리는 그의 주선으로 금성사의 중역방에 안내되었다. 그 자리에서 상당 액수의 문리대『文學』 2집 발간 보조비를 얻어내기에 성공했다.

3

『文學』지의 발간 다음에 명백히 나는 모하에게 결례되는 일을 한 것 같다. 그때 우리는 그와 여러 동창 선배의 분에 넘치는 격려, 성원으로 문리대문학회 회지인 『文學』 2집을 내기는 했다. 그러나 그 후속조치인 회지 배포 과정에서 내가 금성사로 모하를 찾아간 기억이 없다. 그 역할을 담당한 것이 다른 사람이 아니었나 생각되지만 그 역시 확실하지가 않다. 더욱 부끄러운 것은 이제까지 그것을 내가 모하에게 물어본 적이 없다는 사실이다. 얄팍한 생각으로 나는 그런 일쯤은 모하가 까마득히 잊었을 것이라고 어림짐작을 했다. 그런 그에게 새삼스럽게 유쾌하지 못한 일을 들추어내는 것이 어떨까 하는 생각이 이제까지 내가 모하에게 그때의 일을 물어보지 않은 사연의 내막이다.

어떻든 50년대 말의 내왕 이후 모하와 나는 서로 다른 길을 걷게 되었다. 그동안 나는 늦깎이가 된 공부를 만회하느라 진땀을 빼는 日常을 살았다. 그러나 모하는 4·19와 5·16으로 이어간 시대의 波高

를 기능적으로 헤친 궤적을 남긴다. 특히 지난 세기의 60년대와 70년대, 80년대를 거치는 가운데 우리 사회의 고도성장에 그가 주역이 되어 올린 경제적 성과들은 우리 모두가 듣고 보아서 실감하고 있는 바와 같다.

  거의 30년 가까이를 헤어져 산 모하와 내가 다시 자리를 같이하고 이마를 맞대게 된 것은 1980년대를 기다려서였다. 그 무렵에 모하가 주역으로 부상한 LG그룹이 국제수준의 공과대학 설립을 기획했다. 그 대학의 수장으로 거명된 것이 재미과학자인 故 金浩吉 군이다. LG그룹의 제의가 있자 김호길 군은 1980년 초부터 몇 번인가 국내에 들어와 대학 설립에 대한 사전협의에 들어갔다. 1983년도 초부터는 아예 귀국하여 공과대학 발족의 준비작업에 착수하였다.

  김호길 군이 귀국하자 나도 두어 번 LG그룹 안에 있는 대학설립 준비사무실을 찾았다. 그 자리에 모하가 나타나 우리는 오랜만의 해후를 즐길 수 있었다. 이 무렵에 우리가 발족시킨 것이 漢詩 동호모임인 蘭社다. 난사가 발족을 본 정확한 시기는 1983년 10월 3일이다. 본래 김호길 군은 별 사전 협의도 없이 무슨 일을 기획하고는 아닌 밤에 홍두깨 격으로 어디에 어떻게 나오라고 명령조로 연락하는 묘한 생리를 가진 사람이다. 그때도 그랬다. 그는 그 해 10월 초의 어느 날 느닷없이 나에게 전화를 걸어왔다. 내용인 즉 모하를 비롯하여 李佑成, 金東漢, 趙淳 선생 등 몇 분이 개천절을 전후한 연휴를 이용하여 영남과 단양 등 儒學의 유적지를 찾아보기로 했으니 영광으로 알고 참가하라는 것이었다.

  김호길 군의 명령조 전화를 받았을 때 나는 새로 연재를 시작한 현대시사 원고 마감일을 코앞에 두고 있었다. 뿐만 아니라 단행본 체제로 기획된 현대시론도 매듭을 지어야 할 무렵이었다. 문자 그대로 몸을 몇 쪽으로 나누어 써도 손이 모자랄 지경이었다. 그래 그의 말에 "… 글쎄"라고 어정쩡 대답을 했더니 곧 한 음계 높은 목소리가 날아들었다. "만약 이번에 빠진다면 너는 좋은 어른들과 자리를 같이 하여 글을 배우고 인간이 될 길을 스스로 잘라 버리는 것이 된다. 그래도 내 말을 마이동풍으로 흘려버린다면 나는 너와 절교를 할 생각이니 알아서 하여라!"

거두절미도 유분수인 김호길 군의 목소리가 끝나자 나는 곧 생각을 고쳐먹었다. 마감 기한이 박두한 원고는 사정 이야기를 하고 말미를 얻기로 했다. 어떻든 유학성지(?) 순례에 동참하기로 하고 김호길 군이 말한 다음날 우리 일행의 집합장소에 때를 맞추어 달려갔다.

4

그날 우리는 李佑成, 고 金東漢, 趙淳 선생과 李憲祖, 金浩吉, 나 등이 일행이 되어 충주를 거쳐 문경새재를 넘었다. 사이사이에 金東漢 선생의 국토산하, 人文地理에 관계되는 풍부한 지식이 피력되었다. 그런 분위기 속에서 우리 일행은 김호길 군이 낙동강 상류 최고의 명승지라고 자랑한 도연폭포를 바라본 다음 해가 기웃할 무렵 "三秀古里 九曲上流"라고 큰 글자로 벽상에 휘호가 붙은 호길 군의 집 큰사랑에 도착했다. 義城 金氏 종가 가운데 하나인 김호길 군의 사랑에서 우리는 과분할 정도로 훌륭한 저녁상을 받았다. 마침 호길 군의 어른도 자리를 같이 하게 되어 우리는 밤이 깊어가는 줄 모르고 옛 어른들과 지금 세상 돌아가는 형편을 화제로 삼았다.

漢詩 창작모임을 갖자는 이야기가 바로 그 자리에서 나왔다. 가장 먼저 말머리를 튼 것은 趙淳 선생이었던 것 같다. 그 다음을 이어 모하가 구체적으로 모임의 성격과 활동방향 등을 말했다. 내가 지금 기억하는 그 내용의 골자를 이룬 것은 두 가지다. 이번 여행을 계기로 일행이 모두 참여하는 漢詩 창작모임을 갖자는 것이 그 하나였다.

그 다음 모하는 모임의 지도를 李佑成 선생에게 부탁드리고 실무를 자신이 맡겠다고 했다. 모하의 발언에 대해서 趙淳 선생이 적극 찬동하고 李佑成 선생 역시 반대 의견 없이 수긍하였다. 이 뜻밖의 사태에 이르기까지 나는 漢詩 창작의 기본 요건인 平仄이 무엇인지 起承轉結과 對仗이 어떻게 이루어지는지를 전혀 몰랐다. 그러니까 내 蘭社 참여는 김호길 군과 모하의 합작 전횡형태였고 철두철미하게 억지 춘향식으로 이루어진 셈이다.

  金浩吉 군의 사랑채에서 발기 모임을 가진 蘭社는 귀경과 함께 곧 월례로 창작시회를 갖게 되었다. 그 첫째 모임은 1983년 10월 27일 奉天洞의 趙淳 선생 댁에서 열렸다. 蘭社 첫 회의 운자는 "時, 遲, 知"였다. 碧史 李佑成 선생이 먼저 시범으로 발기 동인 다섯 사람에게 고루 7언 절구 한 수씩을 보여 주셨다. 또한 그 몇 회 뒤에는 희귀본에 속하는 우리나라 한시의 對聯集『東詩千聯韻選』과『詩人玉屑』도 구해주셔서 참으로 좋은 참고서가 되었다.

  李佑成 선생 지도 아래 여섯 명으로 된 蘭社가 발족하자 모하는 애초 그가 말한 대로 모임의 실무를 송두리째 맡아 주었다. 모임이 예정된 며칠 전에 그는 原韻詩를 선정해서 돌렸다. 또한 모임이 열릴 때마다 회원의 참가 여부를 확인했고 회합 장소와 시간도 빠지지 않고 챙겨서 전달해 주었다. 뿐만 아니라 그는 국내와 해외여행 때 입수한 관계서적을 한두 권이 아니게 구입하여 우리 동인들에게 선물하는 봉사정신까지가 발휘되었다. 언젠가 그는 나에게 4·6배판에 상하권으로 된『詩海韻珠』를 구해주었다. 이 책은 우리 주변에 흔히 보이는 毛筆本이 아니다. 그 본문이 3·4호 활자와 그보다 작은 활자로 이루어진 活版本이다. 종서로 20행 내외의 韻目들이 각 면에 가득히 수록되어 있으며 그 총 면수는 1,300페이지다. 그 부피부터가 단연 다른 유사서의 추적을 허락하지 않는다.

이 책의 서문을 보면 거기에는 인용한 五言과 七言 싯귀만 古詩 4만여 구, 근세 시인의 작품에서 뽑은 것이 1만여 구라고 밝힌 것이 있다. 이 한 가지 사실로만 보아도 이 책이 갖는 내용의 충실, 풍부함이 짐작되고도 남을 것이다.

이 책은 1937년 한성도서가 발행한 것으로 그 편자가 崔鍾海로 되어 있다. 지금 내가 갖고 있는 『詩海韻珠』 면지 부분에는 "丙子之秋 畏友 李憲祖 會長 所贈"이라고 적혀 있다. 이로 미루어 보아 나는 이 책을 지난 세기의 막바지에 모하로부터 무상으로 얻어낸 것이다. 그 후 나는 그 보답 격으로『批點言解詩學韻叢』상, 하 두 권을 구해서 그에게 드린 적이 있기는 하다. 그러나 그것은 모하의 경우처럼 제대로 된 책이 아니라 복사본이었다. 이런 일을 되짚어 보면 난사에 참여한 전과 후, 나는 계속 수혜자에 머물고 모하가 시혜자의 자리를 지켜온 셈이다.

이미 드러난 바와 같이 한시 동호인 모임인 蘭社는 발족 당시부터 碧史 李佑成 선생 지도, 모하 실무 담당 체제로 운영되었다. 우리 모임은 지난 세기 말에 100회 째의 합평회를 가졌다. 그것을 계기로 우리는 共同詞華集을 편집, 출간했다. 이 무렵 일로 특기할 것은 모하가 단독으로 꾸려간 蘭社의 실무에서 편집부분을 李宗勳 형에게 떠맡긴 사실이다. 그것으로 蘭社 발족 때부터 모하 단독으로 부담한 우리 모임 실무의 짐 무게가 좀 덜어진 것이다. 1집에 이어 2003년 말경 우리는『蘭社詩集』 2집을 냈으며 2008년 10월에 난사 모임 200회 기념호인 제3집이 나왔다. 그 서문을 바로 모하가 썼다.

四半世紀가 갔다. 芝軒의 고향이며 선비마을로 이름난 안동 知禮가 멀지 않아 수몰될 것이라 애석하게 여긴 在京 親知 六人이 1983년 初秋 그곳을 찾아서 一泊을 했다. 翌日 義城金氏 宗宅을 거쳐 도산서원을 참관하고 이어 雨中에 丹陽 船遊를 마치고는 상경길 車中에 문득 漢詩를 지어보자는 이야기가 나왔다. 同行 擧皆가 少泉 第二輯 序文 말씀대로 殆不知平仄何物이면서 바로 蘭社가 결성되었고 첫 모임을 奉天洞 少泉宅에서 가졌다. 그것이 오늘까지 이어올 수 있었던 것은 오직 同人들의 남다른 漢詩 사랑과 碧史先生의 卓越하신 添削의 德分이다. 그간 몇몇 동인이 新參하고 세 분은 幽明을 달리했지만 대체로 매월 꾸준히 모여서 "그 樂"을 즐기며 지내왔다.

편집 실무를 李宗勳 형에게 맡기고 난 다음에도 모하는 모임의 일정과 그때그때 필요한 연락사항, 특히 시회가 열리기 전에 배포가 되어야 하는 原韻詩의 선정과 주석 설명을 모두 맡아서 치루어 내었다. 그밖에 크고 작은 대내 대외의 행사기획과 실행, 뒷마무리 또한 한결같이 그의 손을 거쳐서 이루어진 것이다. 蘭社 발족 당시부터 모하는 국내뿐만 아니라 국제적 활동도 자주 해야 하는 대기업의 회장이었다. 그간 건강에 이상이 생겨 두 차례나 해외에 까지 나가 치료를 받은 일도 있었다. 그런 그가 국내에 있을 때는 물론 해외 출장 중인 때도 蘭社에 제출할 작품을 빠트린 적은 거의 없었다. 내가 알고 있는 한 참으로 부득이한 경우가 되어 참석을 못하는 경우에는 자세한 사정 설명을 하고 필요한 사전조치도 취하는 것을 잊지 않았다. 그런 그의 인품과 행동거지를 나는 하루 이틀이 아닌, 만으로 30년을 지켜보아 왔다. 그때마다 동갑내기인 내까지가 옷깃을 여미지 않을 수 없었다.

5
선시집이라는 제목으로 짐작되는 바와 같이 사화집 『東西南北 三十年』은 모하의 전 작품을 망라한 사화집이 아니다. 이 시집을 내기

전에 우리는 그간 모하가 쓴 작품 수가 얼마나 되는지를 조사해 보았다. 蘭社 1집에서 3집까지에 수록된 그의 한시는 1집―185수, 2집―132수, 3집―125수며 올해 말경 간행 예정인 제4집 수록분이 120여 수다. 이것으로 우리는 이제까지 쓴 모하의 한시 총량이 600수 가까이에 이름을 알 수 있다. 작품의 수량으로 보아 모하의 활동은 蘭社 동인 가운데서 단연 상위권에 속한다.

30년의 세월을 거치게 되자 蘭社 동인들 가운데는 碧史, 少泉 선생 등과 같이 전집의 한 권으로 또는 少南이나 나처럼 단행본으로 작품집을 낸 예가 생겼다. 그런 사정을 감안하여 우리 몇몇은 모하에게도 단독 시화집 발간을 권고해 왔다. 그러나 얼마동안 그는 우리 이야기를 귓곁으로 흘리고 응하려 하지 않았다. 거듭된 우리말에 모하가 한 번 입을 연 적이 있다. "내 한시는 내 힘만으로 된 것이 아니라 지도선생의 교열, 첨삭 결과가 아닌가. 그런 작품을 모아 내 이름으로 내는 것을 나는 할 수가 없네." 그의 그런 말을 듣는 순간 이미 단독으로 그것도 몇 권의 한시집을 낸 나는 다시 한 번 옷깃을 가다듬지 않을 수가 없었다.

그 자신의 겸손에도 불구하고 모하의 시작 솜씨는 해가 거듭되면서 문자 그대로 괄목상대의 경지에 이르렀다. 이 몇 해 동안에 그의 시는 거의 지도교수의 첨삭이 필요하지 않는 수준에 이르게 된 것이다. 뿐만 아니라 이제 우리는 나이조차 옛 사람들이 古來稀라고 한 선을 열이나 넘어섰다. 그런 사정이 감안되어 모하의 시집 간행은 우리 사이에서 더는 미룰 수가 없는 과제로 부상했다. 재작년부터 나는 모하의 단독 시집을 출간시키기 위해 여러 가지 생각을 했다. 그 가운데 하나가 전집 형태는 보류하고 선집으로 사화집 내기를 권해 보는 일이었다. 이 일을 구체화시키기 위해 우리는 碧史 선생님의 힘을 빌리기로 했다. 모하는 어려서부터 上奉下率의 유가식 법도를 착실하게 익힌 사람이다. 그 나머지 선배, 스승의 말이라면 한 치도 어기지 않는 것이 체질이 되어 있었다. 그래 碧史 선생에게 어려운 부탁을 드렸더니 그의 말씀에 모하가 거짓말처럼 고개를 숙였다.

다소간의 곡절을 거친 다음 햇빛을 보게 된 사화집 『東西南北 三十年』의 출간, 기획 과정에서 힘을 아끼지 않은 분에는 少南 李宗勳 형도 있다. 少南 형은 『蘭社詩集』에서 모하의 작품을 추려내어 일목요연하게 정리해 주는 역을 맡았다. 그것을 대본으로 100여 편의 모하 시를 선정해 주신 것이 碧史 선생이다. 그 교정쇄가 모하의 손에 넘어갔다. 그 직전까지 굳은 표정을 풀지 않았던 모하도 碧史 선생의 손길이 간 선정작품들을 보고는 별도로 토를 달지 않았다.

이야기가 시집 간행의 내면사에 기울다보니 상대적으로 우리 모임에서 차지하는 모하 시의 비중이 소외되어 버린 것 같다. 사실은 그 정반대다. 발족 당시 모하도 나처럼 시작 요령에 익숙하지 못했다고 한다. 그러나 그 후 그는 타고난 명민함과 근면성실을 바탕으로 끈질기게 절구와 율시의 본질 파악을 시도했다. 얼마간의 탐색 다음 그는 한시 창작 요령을 기능적으로 터득했다. 지금 그의 작품은 우리 동인 사이에서 덤을 붙이지 않아도 진품과 수작의 평을 들을 경지에 이르렀다.

一.
盤松修竹擁烟溪
楚楚寒村洛水西
墾起草花田一畝
遙看火旺暮雲低

웅크린 솔, 긴 대나무, 내 낀 시내 감돌아
낙강 서쪽 내 고향은 새맑은 마을

일구어 낸 밭 한마지기 풀꽃들 심고
바라보는 화왕산엔 낮으막한 저녁 구름

二
秋來紅葉落山溪
吹去浮塵風自西
無礙心歸安息處
小丘何更問高低

가을되면 시냇가에 단풍잎 지고
서쪽에서 부는 바람 티끌 먼지 쓸어내리
편히 쉴 곳 찾는 마음 걸림돌 없으리니
무어라 작은 언덕 높낮이를 물어보랴

—「卜身後之地」전문, 의역 필자

    모하의 초기작에 속하는 이 시는 그 제목 다음에 부기가 붙어 있다. "올 봄부터 내가 고향 선영 옆에 한 마지기 땅을 일구어 과일 나무와 화초를 심었는데, 훗날 내가 묻힐 곳으로 삼으려는 것이다.(今春以來 余於故山先塋之側懇起一畝果木花草田 以爲他日埋骨撒灰之園)" 이런 말들을 통해 우리는 모하가 가진 작품의 제작 동기를 파악할 수 있다. 이 작품의 무대배경은 화왕산이 바라보이는 모하의 고향이다. 그곳은 울타리처럼 소나무와 대나무들이 둘레에 있고 낙동강이 감돌아 흐르는 곳이다. 모하는 먼 타관에서 그런 고향을 사무치게 그리워한다. 말하자면 이 시는 넓은 의미의 망향가에 속하는 작품이다. 본래 우리에게 망향의 정이란 감정의 한 형태에 그칠 뿐이다. 아무리 범박하게 잡아도 소재 상태에 머무는 한 그것은 예술의 형태인 시가 될 수 없을 것이다.

널리 알려진 대로 감정이나 관념이 시가 되기 위해서는 그들이 감각적 실체로 재구성, 제시되어야 한다. 이것을 우리 선인들은 말로 이루어진 그림의 차원이라고 했다. 이제 우리가 이와 같은 기준으로 위의 시를 대하면 바로 거기에 수묵담채로 이루어진 동양화의 한 폭을 떠올리게 된다. 앞 수에서 모하의 고향은 반송과 수죽에 둘러싸인 곳이었다. 모하는 그곳을 내가 끼인 시냇가의 마을로 그려내었다. 모하는 그런 고향에서 한 마지기의 풀꽃밭을 일구어내려고 하며 멀리 저녁 구름이 빗긴 화왕산을 바라보고자 한다. 이것으로 이 시는 채색도 선명한 한 폭의 그림을 이루어 낸 것이다. 그런데 이것으로 이 시가 끝나면 거기에는 사유의 차원이 나타나지 않는다. 말을 바꾸면 이 시는 물리적 세계를 노래한데 그칠 것이다.

언제나 우리는 시에서 정신의 차원이 내포될 것을 요구한다. 모하는 이에 대한 배려도 준비한 단면을 드러낸다. 둘째 수의 "無礙心歸安息處"가 바로 그 단적인 보기가 된다. 여기서 우리는 "無礙心"이 "吹去浮塵" 다음에 나오는 사실을 놓쳐서는 안 된다. 일상생활에서 티끌은 땅위에서 일어나서 허공을 떠도는 먼지의 일종이다. 그런 먼지가 "안식처" 앞에 놓인 사실에 주목이 필요하다. 이때 먼지는 단순하게 물리적 현상에 그치지 않는다. 덧없는 인생을 가리키는 상징이 된다. 이것으로 모하의 시는 물리적 차원에 머물지 않고 사상, 관념의 차원도 가지게 된 것이다. 그런 가운데 좋은 시의 자격 요건의 하나인 회화성이 검출되는 것이 모하의 이 작품이다. 참고로 밝히면 모하가 이 작품을 만들어 낸 것은 蘭社 82회 때의 일로 그 시기가 1997년 10월 3일로 나타난다. 이것은 모하의 한시가 蘭社 참여 10여년 남짓으로 어엿하게 아름다운 말과 가락을 갖게 되면서 心性化 된 차원을 빚어내기에까지 이를 정도로 숙성, 본격화되었음을 뜻한다.

그 기법이 빚어져 내는 안정감과 함께 모하의 시를 특징짓는 또

하나의 요소가 있다. 그것이 일찍 우리 주변의 漢詩 작자들이 흔히 범해 온 투식어의 지양, 극복을 기한 것이며 그와 아울러 고전문학기의 우리 한시가 흔히 범해온 음풍영월조(吟風咏月調)를 탈피해낸 점이다. 이런 경우의 우리에게 좋은 보기가 되는 것이 모하의 「登萬里長城」이다.

> 未到燕京已在心
> 長城萬里遠來臨
> 悲傷祖國分南北
> 羨慕中華貫古今
> 樓閣簷端紛雪舞
> 旅人襟裏朔風侵
> 西山日暮詩難就
> 聊倣當年老杜吟

> 발길이 닿기 전에 익히 들은 중국 서울
> 만리라 긴긴 장성 내가 이제 여기 섰다
> 슬프구나 내 나라는 남북으로 찢겼는데
> 부러워라 예와 지금 한 줄기 중화 나라
> 다락집 처마 끝에 눈은 날려 춤을 추고
> 나그네 옷깃 속을 삭풍이 파고든다
> 서녘 산에 해지는데 시는 상기되지 않아
> 그 옛날 두보(杜甫) 투를 애정지 본떠본다

— 의역 필자

본래 모든 예술활동의 성패 여부는 모방과 추종을 탈피하려는 정신자세가 나타나는가 아닌가로 가름된다. 그럼에도 우리는 한시 작품의 걸음마 단계를 선인들의 작품 읽기로 시작한다. 대체 그 까닭은 무엇인가. 우리가 한시를 지어보는 것은 2000년 가까이에 이르는 중국과 동북아시아의 문화전통이 빚어낸 양질의 광맥을 캐어내려는 노력이다. 그런 가닥을 제대로 잡아나가기 위해서 어느 시기까지 우리는 陶淵明과 李太白, 杜甫의 가락과 말투를 익히지 않으면 안된다. 문제는 이 작품의 어느 곳이 그들 시의 모방과 추종에만 그치는 단면을 드러내고 있는가 아닌가 하는 점이다. 우리가 좀 더 차분하게 이 시를 읽는 경우 우선 문제됨직한 것이 이 작품의 마지막 한 줄이다. 피상적으로 이 부분을 읽으면 우리는 모하를 중국식 시의 모방 추종자로 격하시킬 사태에 직면할지 모른다. 이렇게 제기되는 문제에 대해 우리가 되짚어 보아야 할 것이 이 시의 밑바닥에 깔린 시인의 의식이다.

　여기서 모하의 의식을 지배하고 있는 것은 중국이라는 다른 나라의 역사, 전통을 맹신하려는 입장이 아니다. 만리장성이라는 고적 앞에서 모하가 우리나라를 중국에 대비시키고 있기는 하다. 그러나 이 대비의 바닥에는 모하가 그 나름대로 의도한 제3의 의식이 숨겨져 있다. 2차 세계대전을 전후하여 외세의 침공을 받은 점으로 보아 중국과 우리나라의 상황은 크게 다른 바가 없었다. 그런 중국이 한 덩어리로 된 데 반해서 우리나라는 아직도 국토가 두 조각이 나 있다. 위의 시 마지막에 나오는 대비는 모하가 그런 우리 민족의 현실을 뼛속 저리게 아파한 나머지 써본 표현이다. 다만 그런 생각을 작자가 직설적인 말로 토로하지는 않았다. 여기서 모하는 그의 심경을 은유형태로 제시한 것이다. 이것을 우리는 강조법의 일종으로 보아야 한다. 다시 되풀이 하면 여기서 모하는 국토분단을 슬퍼하는 감정을 구체화하기 위해 중국 시인의 이름을 이끌어 들인 것이다. 이것을 주체성의 포기이며 모방, 추종행위라고 한다면 우리는 시의 언어를 사전식으로만 읽는 오류를 범하게 된다.

한편 시론에서 음풍영월이란 시인이 그의 작품을 현실과 괴리된 상태에서 읊조리는 것을 뜻한다. 얼핏 보아도 나타나는 바와 같이 모하의 이 시를 지배하고 있는 것은 가슴 밑바닥에서부터 솟아나는 분단 조국의 아픔이다. 그 정도는 매우 높은 수치로 나타난다. 그것을 우리는 "흩날리는 눈바람이 옷깃에 스며든다(襟裏朔風侵)"라고 노래한 모하의 말을 통해 읽어낼 수 있다. 이 철저한 현실의식을 돌보지 않은 채 우리가 모하의 시를 음풍영월의 류라고 할 수도 없는 것이다.

이상 살핀 바와 같이 모하의 한시는 그 질적 수준이 놀라울 정도로 높은 단계에 올라 있다. 이제 모하와 나는 蘭社에서 자리를 같이하게 된 이래 강산이 세 번이나 바뀌는 세월을 맞고 보냈다. 그동안 나는 모하의 남다른 품성과 예사롭지 않은 자질을 한두 번이 아니게 보았으며 실감해 왔다. 이 얼마동안 그는 건강상태가 별로 좋지 못하다. 이 사화집 발간을 계기로 모하의 몸과 마음이 다시 30년 전의 상태로 돌아가 주기를 충심으로 빈다. 또한 우리 동인들 가운데도 앞장 서 가고 있는 그의 詩業 역시 승승장구로 이루어지기를 기대하고 바란다. 아름다운 이 사화집에 이렇게 거친 말들을 덧붙이게 된 것도 그동안 우리가 나누어온 우정의 덕이었음을 밝히며 새삼 모하를 위하여 마음속 축배를 드는 바이다.

저자 慕何 李憲祖

의령에서 출생. 서울대학교 문리과대학 철학과 졸업. 럭키금성상사 사장, 韓·인도네시아 경제협력위원회 위원장, LG전자 대표이사 회장 및 고문, LG인화원 회장 역임. 한국미래학회 창립회원, 실시학사 재단에 출연(出捐).

저서로『李憲祖經營談論集』『커뮤니케이션의 유토피아』『붉은 신호면 선다』등.

東西南北三十年

인쇄 2012년 11월 10일 | 발행 2012년 11월 20일

지은이 • 이 헌 조
펴낸이 • 한 봉 숙
펴낸곳 • 푸른사상사
주간 • 맹문재 | 편집 • 김소영 | 마케팅 • 박강태

등록 제2-2876호
서울시 중구 초동 42번지 아시아미디어타워 502호
대표전화 02) 2268-8706(7) 팩시밀리 02) 2268-8708
메일 prun21c@yahoo.co.kr / prun21c@hanmail.net
홈페이지 //www.prun21c.com

ⓒ 2012, 이헌조
ISBN 978-89-5640-965-8 03810

값 18,000원

☞ 저자와의 합의에 의해 인지는 생략합니다.
 이 책의 전부 또는 일부 내용을 재사용하려면 사전에 저작권자와 푸른사상사의 서면에 의한 동의를 받아야 합니다.
 e-CIP 홈페이지(http://www.nl.go.kr/cip.php)에서 이용하실 수 있습니다
 (CIP제어번호 : CIP2012005208)

이헌조 사화집 『東西南北三十年』 정오표

면수	행	誤	正
164	주석 1	間關(한관)	간관
166	주석 3	樹林疎(수목소)	수림소
166	주석 6	仙鹿(신록)	선록

별도의 지시가 없는 경우 행 표시는 原詩나 번역시의 본문 순서를 가리킨다.